왕초보도 즐거운 여행 일본어

왕초보도 즐거운 여행 일본어

초판 1쇄 인쇄 | 2015년 12월 10일
초판 1쇄 발행 | 2015년 12월 15일
지은이 | 정선영
펴낸곳 | 도서출판 새희망
펴낸이 | 조병훈
디자인 | 허다경
등록번호 | 제38-2003-00076호
주소 | 서울 강북구 인수봉로 41길 19-1
전화 | 02-923-6718 **팩스** | 02-923-6719
전자우편 | jobooks@hanmail.net

ISBN 978-89-90811-77-6   10730

❖ 정가는 뒤표지에 있습니다.

왕초보도 즐거운
여행 일본어

정선영 지음

새희망

머리말

 손꼽아 기다리던 일본 여행이 이제 코앞으로 다가왔습니다. 가깝고도 먼 나라! 신비한 노상 온천, 눈을 즐겁게 하는 조화로운 음식, 우리나라와는 비슷하지만 다른 생활 양식 등 일본의 고유한 역사와 문화를 직접 체험한다는 생각에 벌써 마음은 날아올라 일본 여행의 즐거운 상상을 시작하고 있습니다.

 그런데 먼저 다녀온 사람들은 이렇게 들떠 있는 저를 보며 "일본 여행? 그거 별거 없어."라고 합니다. 그것은 일본 여행에서 꼭 필요한 일어 회화, 여행 정보 등을 전혀 준비 없이 무작정 떠나다 보니 관광, 식사, 쇼핑 등 가이드가 이끄는 대로만 여행하게 되기 때문이 아닐까요? 여행사 깃발만 쳐다보다 오는 수박 겉핥기식의 여행이 아닌 즐겁고, 알찬 여행을 하고 싶은데…….

 이런 걱정을 단번에 해결하고 즐거움만으로 일본 여행을 맞이할 수는 없는 걸까요? '왕초보도 즐거운 여행 일본어'는 이러한 요구를 적극 반영함으로써 여행자에게 자신감을 불어넣어 모처럼의 해외여행을 만끽할 수 있도록 하였습니다. '왕초보도 즐거운 여행 일본어'를 통하여 일본 여행의 두려움을 떨쳐 버리고 즐거운 마음만으로 여행을 떠나 보세요!

이 책의 특징

❶ 한 손에 들어오는 사이즈로 들고다니기 편안하여 언제 어디서든지 필요한 경우 즉시 활용할 수 있습니다.

❷ 반드시 겪을 수밖에 없는 필수 상황을 엄선하여 해외여행에서 100% 활용할 수 있도록 하였습니다.

❸ 각 상황별로 기본회화는 물론 여행정보, 기본매너 등을 실어 여행에 실질적인 도움이 되도록 하였습니다.

❹ 각 상황별로 많이 쓰이는 활용 가능한 단어들을 따로 정리하여 사전을 찾아야 하는 수고를 덜었습니다.

❺ 한국어로 발음 표기를 하여 일본어를 처음 접하거나 발음이 약한 분들도 쉽게 읽을 수 있도록 하였습니다.

❻ 여행회화와 별도로 익혀 두면 반드시 사용하게 되는 인사말, 자기 소개 등 기본회화를 수록하였습니다.

❼ 한국인 성우와 원어민이 녹음한 mp3 파일을 통해 보다 생생하게 일본어 회화를 익힐 수 있도록 하였습니다. mp3 파일은 www.neobooks.net에 접속하시면 무료로 다운로드 받으실 수 있습니다.

Part 1   여행 일본어

Chapter 00   여행 준비

1. 여권과 비자 / 14
1. 여권이란? 2. 여권의 종류 3. 여권 신청 4. 비자 신청

2. 여행 준비하기 / 18
1. 항공권 구입 2. 환전 3. 각종 유용한 서류 4. 짐 꾸리기

Chapter 01   출발

- 여행 정보 – 출국 절차 / 22
1. 좌석 찾기 / 26   2. 입국카드 쓰기 / 28
3. 기내서비스 받기 / 30   4. 궁금한 것 묻기 / 32
5. 면세품 구입하기 / 34
- 힘이 되는 여행자 단어 / 36

Chapter 02 도착

- 여행 정보 – 입국 절차 / 42
- 1. 입국심사 받기 / 44
- 2. 짐 찾기 / 46
- 3. 세관검사 받기 / 48
- 4. 환전하기 / 50
- 5. 숙소로 가기 / 52
- 힘이 되는 여행자 단어 / 54

Chapter 03 호텔

- 여행 정보 –호텔 / 58
- 1. 예약하기 / 62
- 2. 체크인하기 / 64
- 3. 룸서비스 이용하기 / 66
- 4. 호텔시설 이용하기 / 68
- 5. 호텔에서의 트러블 / 70
- 6. 체크아웃하기 / 72
- 힘이 되는 여행자 단어 / 74

Chapter 04 교통

- 여행 정보 – 교통 / 80
- 1. 길 묻기 / 82
- 2. 버스 타기 / 84
- 3. 지하철 타기 / 86
- 4. 택시 타기 / 88
- 5. 운전하기 / 90
- 힘이 되는 여행자 단어 / 92

Chapter 05 쇼핑

- 여행 정보 – 쇼핑 / 96
- 1. 물건 찾기 / 98
- 2. 물건 고르기 / 100
- 3. 물건 사기(1) 백화점 / 102
- 4. 물건 사기(2) 면세점 / 104
- 5. 물건 사기(3) 편의점 / 106
- 6. 계산하기 / 108
- 7. 교환 · 반품 · 환불 / 110
- 힘이 되는 여행자 단어 / 112

Chapter 06 식당

- 여행 정보 – 식당 / 120
- 1. 식당 찾기 / 122
- 2. 예약하기 / 124
- 3. 주문하기(1) 레스토랑 / 126
- 4. 주문하기(2) 패스트푸드점 / 128
- 5. 주문하기(3) 커피숍 · 술집 / 130
- 6. 식사하기 / 132
- 7. 계산하기 / 134
- 8. 여러 가지 트러블 / 136
- 힘이 되는 여행자 단어 / 138

Chapter 07 관광

- 여행 정보 – 관광 / 148
1. 관광안내 받기 / 150
2. 관광하기 / 152
3. 관람하기 / 154
4. 사진 찍기 / 156
- 힘이 되는 여행자 단어 / 158

Chapter 08 긴급 상황

- 여행 정보 – 긴급 상황 / 162
1. 난처할 때 / 166
2. 언어 문제 / 168
3. 약국 가기 / 170
4. 병원 가기 / 172
5. 분실 · 도난 / 174
6. 사고 · 상해 / 176
- 힘이 되는 여행자 단어 / 178

Chapter 09 귀국

- 여행 정보 – 귀국 절차 / 184
1. 예약 확인하기 / 188
2. 출국 수속하기 / 190
- 힘이 되는 여행자 단어 / 192

Part 2 · 필수 기본 표현

1. 인사하기(1) 만남 / 194
2. 인사하기(2) 헤어짐 / 196
3. 소개하기 / 198
4. 식사하기 / 200
5. 감사하기 / 202
6. 사과하기 / 204
7. 대답하기 / 206
8. 희망하기 / 208
9. 권유하기 / 210
10. 허락하기 / 212
11. 부탁하기 / 214
12. 질문하기 / 216
13. 다시 묻기 / 218
14. 칭찬하기 / 220
15. 생각 말하기 / 222
16. 증상 말하기 / 224
17. 감정 표현하기 / 226
18. 사물 가리키기 / 228
19. 사람 가리키기 / 230
20. 존재 나타내기 / 232
21. 장소 묻기 / 234
22. 방향 묻기 / 236

부록 · 생활 일본어 단어

1. 숫자 읽기 / 240
2. 개수 읽기 / 244
3. 사람 수 읽기 / 244
4. 시간 읽기 / 246
5. 날짜 읽기 / 248
6. 요일 읽기 / 250
7. 위치를 나타내는 말 / 250
8. 시간대를 나타내는 말 / 251
9. 때를 나타내는 말 / 252

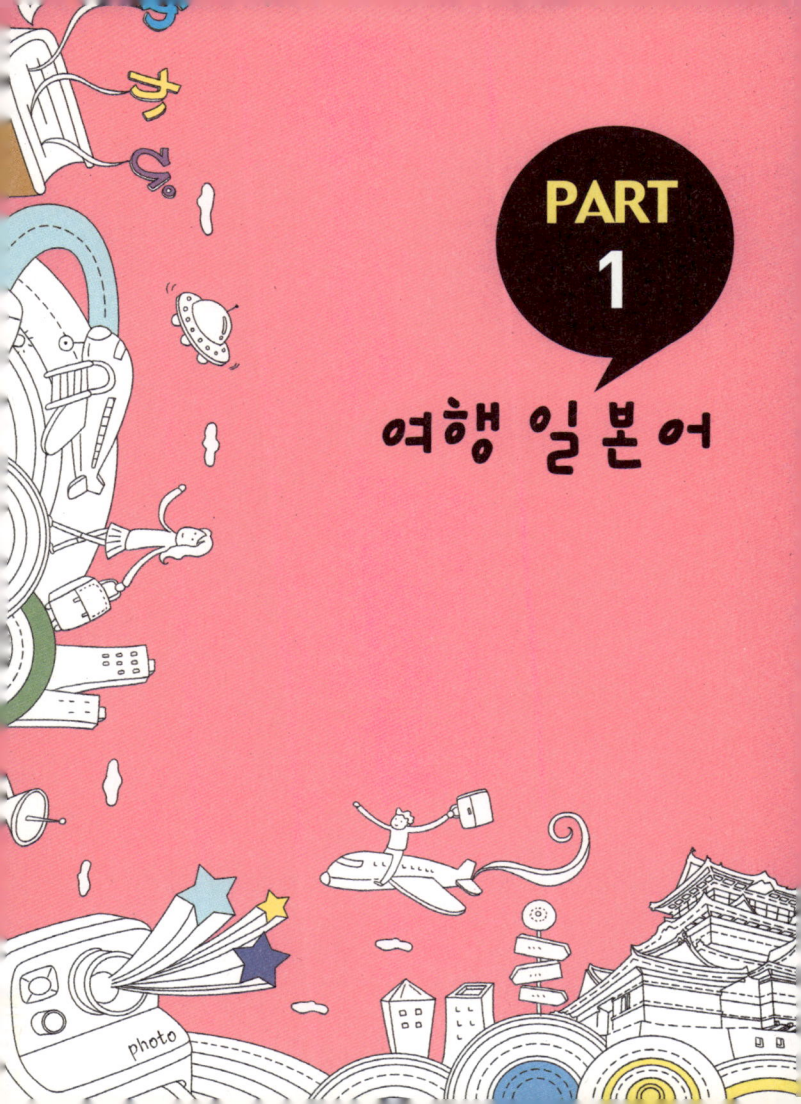

Preparation

Chapter
00

여행 준비

1. 여권과 비자
2. 여행 준비하기

01 여권과 비자

1_ 여권이란?

여권(passport)이란, 국외용 주민등록증과 같은 신분증을 말합니다. 즉, 여행·학업·비즈니스 등의 여러 가지 목적을 가지고 해외로 나가는 사람에게 국가가 신분과 국적을 증명해 주는 서류라고 할 수 있습니다. 이렇게 여권은 모국을 떠나 타국에 있을 때 자신의 신분을 증명해 주는 증명서이기 때문에, 어디에 가든지 주민등록증처럼 꼭 휴대하고 다녀야 합니다. 특히, 여권은 공항에서 출국 심사나 입국 심사를 받을 때, 면세점에서 면세품을 구입할 때, 환전할 때 반드시 제시해야 하므로 분실하지 않도록 주의해야 합니다.

2_ 여권의 종류

여권은 크게 일반 여권, 외교관 여권, 관용 여권으로 나뉘어져 있는데, 이 중에서 일반인이 발급받는 것은 일반 여권입니다. 일반 여권 역시 단수 여권, 복수 여권, 거주 여권의 3가지 종류가 있는데, 관광이나 여행이 목적인 경우에는 단수 여권과 복수 여권 중에서 하나를 선택하면 됩니다. 단수 여권은 유효 기간 1년으로 딱 1번만 외국 여행을 할 수 있는 여권이고 복수 여권은 유효 기간 만료일까지 몇 번이든 자유롭게 해외여행을 할 수 있는 여권입니다.

3_ 여권 신청

여권은 위조나 차명으로 여권이 발급되는 것을 막기 위해 본인이 직접 신청을 하셔야 합니다. 신분증을 가지고 가까운 여권 발급 기관(전국 168개 광역 및 기초자치단체)을 방문하셔서 여권을 신청하시면 됩니다. 여권 발급 기관 연락처는 외교통상부 해외안전여행 사이트(www.0404.go.kr)에 접속하시면 자세히 알 수 있습니다. 여권 발급 신청 시 제출 가능한 신분증은 국가기관이 발급하고 본인 여부를 확인할 수 있도록 사진이 부착되어 있는 주민등록증, 운전면허증, 여권, 공무원증, 군인신분증, 사관생도의 학생증, 장애인증 등입니다. 여권 발급은 통상적으로 신원조사에 이상이 없을

경우 4-5일이 소요됩니다. 하지만 신청 기관마다 약간 차이가 있을 수 있으니 신청하실 기관에 확인하시는 것이 좋습니다.

▶ **준비 서류**
- 여권 발급 신청서
- 여권용 사진
- 신분증
- 군미필자 및 군복무를 마치지 아니한 18세 이상 35세 이하 남자의 경우는 국외여행허가서, 기타 병역 관계 서류 필요함.
- 18세 미만의 미성년자의 경우는 부모나 법정 대리인의 여권 발급 동의서가 필요함.

4_ 비자 신청

비자(VISA)란 여행하고자 하는 나라에서 일정 기간의 체류를 허용한다는 증명서로 '입국사증'이라고 합니다. 일반적으로 해당 국가의 대사관이나 영사관에서 입국 허가를 여권에 기재해 주는 형식을 취하고 있습니다. 비자 신청 시 필요한 서류는 여권과 비자 신청서, 여권용 사진 2매, 주민등록증 사본, 신분·직업을 증명하는 서류 등인데 나라마다 차이가 있으니 잘 알아보는 것이 좋습니다. 우리나라와 무비자 협정을 체결한 나라라면 여권만으로 여행할 수 있으나 나라마다 기한을 정해 놓고 있습니다.

02 여행 준비하기

1_ 항공권 구입

항공권은 항공사나 여행사에서 구입할 수 있는데 요금은 항공사, 여행사마다 다르나 보통 여행사가 가격이 싼 경우가 많습니다. 항공편은 지역, 거리에 따라 직항편이 있고 경유편이 있는데 일반적으로 경유 항공편이 더 저렴하지만 시간은 더 오래 걸립니다. 여행사를 통해 여행을 떠나려면 다양한 종류의 여행 상품을 팔고 있는 여행사가 많으므로 사전에 충분히 시장조사를 한 후에 결정하는 것이 좋습니다.

2_ 환전

환전은 공항 내의 환전소에서 환전을 하려면 사람들로 북적대기 때문에 많이 기다려야 하므로, 가까운 곳의 은행에서 미리 바꿔 두는 것이 편리합니다. 또한, 환전할 금액이 고액인 경우에는 분실이나 도난의 위험이 있으므로 여행자수표나 신용카드를 준비하는 것이 좋습니다. 여행자수표는 호텔이나 상점, 공항 등에서 현금처럼 사용할 수 있고 은행에서 쉽게 환전이 가능합니다. 또한 도난이나 분실을 당해도 재발행 받을 수 있습니다.

3_ 각종 유용한 서류 준비

여권과 비자가 해외여행을 떠나는 데 필요한 기본 서류라면 국제학생증, 국제운전면허증 등은 여행을 좀더 저렴하고 편안하게 하는 데 필요한 서류들입니다.

1. 국제학생증

국제학생증은 세계 70개국에서 통용되는 학생 증명서입니다. 이 증명서가 있으면 나라에 따라서 차이가 있을 수 있으나 세계 여러 나라에서 경제적 혜택을 받을 수 있습니다. 여행지에서의 박물관이나 미술관, 놀이공원 등을 방문할 예정이라면 여행 떠나기 전에 국제학생증을 발급받아 가는 것이 좋습니다.

2. 국제운전면허증

국제운전면허증은 도로 교통에 관한 국제협약에 의해 일시적으로 외국여행을 할 때 여행지에서 운전할 수 있도록 발급되는 운전면허증을 말합니다. 국내 운전면허증이 있으면 간단한 절차를 통해 발급받을 수 있습니다.

4_ 짐 꾸리기

해외여행을 처음 가는 사람이든 여러 번 가는 사람이든 막상 여행을 하다 보면 꼭 아쉬운 점이 생기기 마련입니다. 그러므로 출발 전에 리스트를 작성해서 꼼꼼하게 짐을 꾸리는 것이 좋습니다. 짐을 꾸릴 때에는 부피가 큰 옷가지들을 먼저 가방에 넣은 후, 가방의 남는 부분에 속옷, 양말, 세면도구 등을 서로 섞이지 않게 비닐봉지 등에 싸서 넣습니다. 그리고 여권이나 지갑 등 자주 꺼내야 하는 것들은 별도의 작은 가방에 넣고 다니는 것이 편리합니다.

Chapter 01

Departure

출발

- 여행 정보 – 출국 절차
  1. 좌석 찾기
  2. 입국카드 쓰기
  3. 기내서비스 받기
  4. 궁금한 것 묻기
  5. 면세품 구입하기
- 힘이 되는 여행자 단어

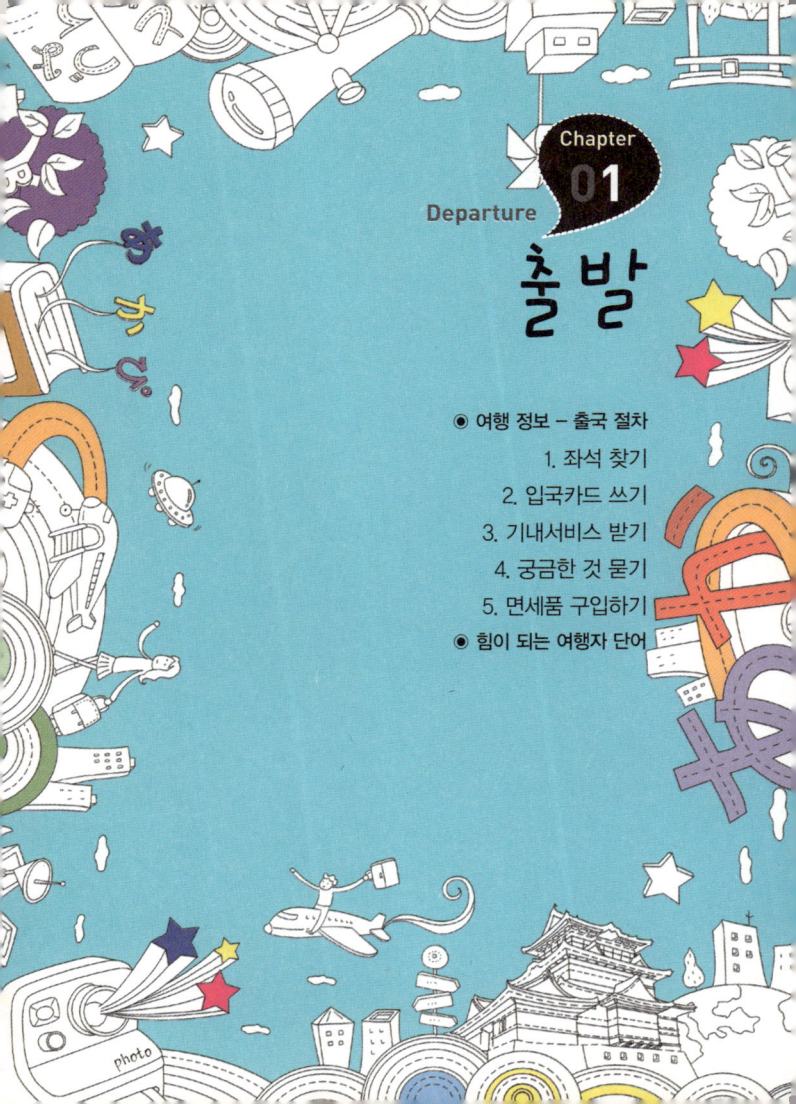

출국 절차

공항에는 적어도 항공기 출발 2시간 전에 도착해야만 제 시간 안에 모든 절차를 밟을 수 있습니다. 일찍 도착해서 빨리 보딩 패스를 받을수록 좌석 배정에도 유리합니다. 공항에 도착하면 3층 출발층에 있는 운항정보안내모니터에서 탑승할 항공사와 탑승수속카운터(A~M)를 확인한 후 해당 탑승수속카운터로 이동하여 탑승수속을 받으면 됩니다.

1_ 탑승 수속

공항에 도착했다면 먼저 해당 항공사에서 운영하는 체크인 카운터로 가서 여권 및 항공권을 제시하시고 탑승권(boarding pass)을 발부받아야 합니다. 체크인 카운터에서는 기내에 휴대하는 물품을 제외하고는 모두 위탁 수하물로 처리하여야 하며, 기내에는 가로 55cm, 세로 40cm, 높이 20cm, 무게 10kg 이내의 물품에 대해서만 반입이 허용됩니다.

2_ 병무 신고 및 검역

병역 의무자가 해외로 나갈 때에는 병무청에 국외 여행 허가를 받고 출국 당일 법무부 출입국에서 출국심사 시 국외여행허가증명서를 제출하여야 합니다. 검역은 전염병의 전염을 예방하기 위해 취해지는 조처로 검역소에서는 외국 여행자, 동물, 식물에 대한 검역 및 증명서를 발급하고 있습니다. 나라에 따라 검역증명서를 확인하는 경우가 있으므로 항공사에 문의해 보는 것이 좋습니다.

3_ 세관 신고

출국할 때 여행 경비로 미화 1만 달러 이상을 가지고 떠나는 경우에는 세관 외환신고대에 신고를 해야 합니다. 그리고 여행 시 가져갈 고가품이나 귀중품은 나중에 귀국할 때 현지에서 구입한 것으로 오해받을 수 있으므로 출국하기 전 세관에 신고하는 것이 좋습니다.

4_ 보안 검색

세관 신고를 다 끝냈다면 출국장으로 가서 보안 검색을 받습니다. 보안 검색대에서는 검색 요원의 안내에 따라 순서대로 가방과 소지품을 검색대 위에 올려놓고 통과시키면 되고 본인도 그 옆의 금속 탐지기 문을 통과해야 합니다. 보안 검색을 모두 마쳤다면 가방을 다시 찾아서 출국심사대로 이동합니다.

5_ 출국 심사

출국심사대에 가면 자기 차례가 올 때까지 대기선에서 기다립니다. 보통 5분 정도 걸리나 사람이 많으면 좀더 걸릴 수도 있습니다. 자신의 차례가 오면 모자나 선글라스를 벗고 여권, 탑승권을 제시합니다. 그러면 출국 심사관이 여권에 출국 확인을 해 주고, 여권을 돌려줍니다. 그리고 나서 출국 심사대를 통과하면 됩니다.

6_ 탑승

출국심사대를 통과하면 먼저 자신이 이용하게 될 비행기를 어디서 타야 되는지 확인하는 것이 좋습니다. 그런 후 시간이 남는다면 근처의 면세점에서 쇼핑을 하거나 배고프면 식사를 해도 됩니다. 비행기 탑승은 출발 30분 전에 탑승을 시작하여 10분 전에 탑승이 마감되니 탑승에 늦지 않도록 주의해야 합니다.

01 좌석 찾기

❶ (탑승권을 보여 주면서) 11C 좌석은 어디입니까?

11Cの 席は どこですか。

쥬-이찌시-노 세끼와 도꼬데스까

❷ 뒤쪽의 창가 좌석입니다.

後ろの 方の 窓側の 席です。

우시로노 호-노 마도가와노 세끼데스

❸ 왼쪽 통로로 가세요.

左側の 通路に 行って ください。

히다리가와노 츠-로니 잇떼 쿠다사이

❹ 죄송합니다만, 자리 좀 바꿔 주실 수 있습니까?

すみませんが、席を かわって いただけませんか。

스미마셍가, 세끼오 카왓떼 이따다께마셍까

❺ (옆 사람에게) 죄송합니다만, 잠깐 지나가겠습니다.

すみませんが、ちょっと 通ります。

스미마셍가, 쵸또 토-리마스

Departure

❻ 좌석까지 안내해 드리겠습니다.

席_{せき}まで ご案内_{あんない}します。

세끼마데 고안나이시마스

❼ 대단히 감사합니다.

どうも ありがとうございます。

도-모 아리가또-고자이마스

좌석 찾기

비행기에 탑승하게 되면 제일 먼저 좌석을 찾아야 합니다. 탑승권에 적혀 있는 좌석 번호를 보고도 찾기 어려울 경우에는 좁은 기내 통로에서 헤매지 말고 스튜어디스에게 탑승권을 보여 주면서 찾아 달라고 부탁하는 것이 가장 빠릅니다.

02 입국카드 쓰기

❶ 입국카드는 어디에 있습니까?

入国カードは どこに ありますか。

뉴-꼬꾸카-도와 도꼬니 아리마스까

❷ 여기에는 한자로 씁니까?

ここには 漢字で 書きますか。

코꼬니와 칸지데 카끼마스까

❸ 입국카드를 한 장 더 주세요.

入国カードを もう 一枚 ください。

뉴-꼬꾸카-도오 모- 이찌마이 쿠다사이

❹ 죄송합니다만, 펜 좀 빌려 주시겠습니까?

すみませんが、ペンを 貸して いただけますか。

스미마셍가, 펭오 카시떼 이따다께마스까

❺ 입국카드를 쓰는 법 좀 가르쳐 주세요.

入国カードの 書き方を 教えて ください。

뉴-꼬꾸카-도노 카끼까따오 오시에떼 쿠다사이

Departure

❻ 이런 식으로 쓰면 됩니까?

こう いう 風に 書けば いいですか。

코- 이우 후-니 카께바 이-데스까

❼ 잠시만 기다려 주십시오.

少々 お待ちくださいませ。

쇼-쇼- 오마찌쿠다사이마세

입국카드

입국카드는 입국 심사를 할 때 여권과 함께 제시하는 중요한 서류입니다. 입국카드는 한자와 영어로 써야 하며, 입국하는 목적과 숙소를 정확하게 기재해야 합니다. 이것이 불분명하면 입국을 못하는 경우가 발생할 수도 있습니다. 또한, 입국카드의 서명은 여권의 서명과 동일해야 한다는 사실도 꼭 알아두세요.

03 기내 서비스 받기

❶ 식사는 언제 나옵니까?

食事は いつ 出ますか。
쇼꾸지와 이쯔 데마스까

❷ 식사를 치워도 되겠습니까?

食事を お下げしても よろしいでしょうか。
쇼꾸지오 오사게시떼모 요로시-데쇼-까

❸ 잘 먹었습니다.

ごちそうさまでした。
고찌소-사마데시따

❹ 음료수는 무엇으로 하시겠습니까?

お飲み物は 何に なさいますか。
오노미모노와 나니니 나사이마스까

❺ 콜라는 없습니까?

コーラは ありませんか。
코-라와 아리마셍까

❻ 오렌지주스를 한 잔 더 주세요.

オレンジジュースを もう 一杯 ください。

오렌지쥬-스오 모- 입빠이 쿠다사이

❼ 아니오, 괜찮습니다.

いいえ、結構です。

이-에, 켁꼬-데스

기내 서비스

일본은 비행 시간이 짧기 때문에 이륙 후 약 30분 정도가 지나면 기내식이 나옵니다. 기내식은 보통 한식, 일식, 양식 중에서 나오며, 식사 후에는 후식으로 여러 종류의 음료수가 나옵니다. 커피나 홍차는 음료수 서비스가 끝난 후에 바로 시작되므로 조금 더 기다리면 됩니다. 또한, 기내에서 캔 맥주도 마실 수 있지만 기압이 높아서 금방 취해 버리므로 가능한 술은 마시지 않는 것이 좋습니다.

04 궁금한 것 묻기

❶ 화장실은 어디에 있습니까?

トイレは どこに ありますか。

토이레와 도꼬니 아리마스까

---

❷ 나리타에는 몇 시경에 도착할 예정입니까?

成田には 何時頃 着く 予定ですか。

나리따니와 난지고로 츠꾸 요떼-데스까

---

❸ 좀 춥습니다. 모포 좀 가져다 주세요.

少し 寒いですから、毛布を お願いします。

스꼬시 사무이데스까라, 모-후오 오네가이시마스

---

❹ 지금은 좌석 벨트를 풀러도 됩니까?

今は 座席ベルトを 外しても いいですか。

이마와 자세끼베루또오 하즈시떼모 이-데스까

---

❺ 오늘 도쿄 날씨는 어떻습니까?

今日 東京の お天気は どうですか。

쿄- 토-꾜-노 오뗑끼와 도-데스까

Departure

❻ 한국어를 할 줄 아는 사람은 없습니까?
　韓国語が できる 人は いませんか。
　캉꼬꾸고가 데끼루 히또와 이마셍까

❼ 약간 의자를 눕혀도 되겠습니까?
　少し シートを 倒しても いいでしょうか。
　스꼬시 시-또오 타오시떼모 이-데쇼-까

여행 Tip

스튜어디스 부르기

기내에서는 정해진 서비스를 받는 것 외에도 언제든지 스튜어디스를 불러서 필요한 것을 요청할 수도 있고 궁금한 것을 물어 볼 수도 있습니다. 스튜어디스를 부를 경우에는 '저기요', '여보세요'란 뜻의 すみません(스미마셍)이라고 하면 됩니다.

05 면세품 구입하기

❶ 면세품의 기내 판매는 언제 합니까?

免税品の 機内販売は いつですか。

멘제-힌노 키나이함바이와 이쯔데스까

❷ 면세품 중에서 향수도 있습니까?

免税品の 中で 香水も ありますか。

멘제-힌노 나까데 코-스이모 아리마스까

❸ (팜플렛의 사진을 가리키며) 이것은 이제 없습니까?

これは もう ありませんか。

코레와 모- 아리마셍까

❹ 그 담배는 지금 품절입니다.

その タバコは ただ今 品切に なって おります。

소노 타바꼬와 타다이마 시나기레니 낫떼 오리마스

❺ 이 주문서에 기입해 주세요.

この 注文書に ご記入して ください。

코노 츄-몬쇼니 고끼뉴-시떼 쿠다사이

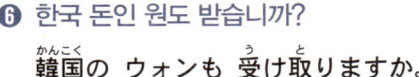

❻ 한국 돈인 원도 받습니까?

韓国の ウォンも 受け取りますか。

캉꼬꾸노 웜모 우께또리마스까

❼ 이 카드로 계산해 주세요.

この カードで お願いします。

코노 카-도데 오네가이시마스

기내 판매

면세품의 종류에는 술, 담배, 화장품, 향수 등의 기호품이 대부분이며, 필요하다면 공항 내의 면세점보다 기내에서 판매하는 면세품을 구입하는 것이 훨씬 더 저렴합니다. 그리고, 1인당 면세로 반입할 수 있는 한도가 정해져 있으므로 이를 꼭 지키도록 합시다.

●● words
● 힘이 되는 여행자 단어

1 좌석 찾기

출국	出国(しゅっこく)	슉꼬꾸
이륙	離陸(りりく)	리리꾸
착륙	着陸(ちゃくりく)	챠꾸리꾸
도착	到着(とうちゃく)	토-챠꾸
항공권	航空券(こうくうけん)	코-꾸-껭
탑승권	搭乗券(とうじょうけん)	토-죠-껭
좌석 번호	座席番号(ざせきばんごう)	자세끼방고-
스튜어디스	スチュワーデス	스츄와-데스
비상구	非常口(ひじょうぐち)	히죠-구찌
창가	窓側(まどがわ)	마도가와
통로쪽	通路側(つうろがわ)	츠-로가와

2 입국카드 쓰기

외국인	外国人(がいこくじん)	가이꼬꾸징
입국	入国(にゅうこく)	뉴-꼬꾸
기록	記録(きろく)	키로꾸
성명	氏名(しめい)	시메-
이름	名前(なまえ)	나마에
국적	国籍(こくせき)	콕세끼
생년월일	生年月日(せいねんがっぴ)	세-넹갑삐
남자	男(おとこ)	오또꼬
여자	女(おんな)	온나
주소	住所(じゅうしょ)	쥬-쇼
직업	職業(しょくぎょう)	쇼꾸교-
연락처	連絡先(れんらくさき)	렌락사끼
서명	署名(しょめい)	쇼메-
한자	漢字(かんじ)	칸지
영어	英語(えいご)	에-고

● ● words
● 힘이 되는 여행자 단어

3 기내 서비스 받기

일식	和食(わしょく)	와쇼꾸
양식	洋食(ようしょく)	요-쇼꾸
빵	パン	팡
물	お水(みず)	오미즈
우롱차	ウーロン茶(ちゃ)	우-론쨔
홍차	紅茶(こうちゃ)	코-쨔
맥주	ビール	비-루
안주	おつまみ	오쯔마미
설탕	砂糖(さとう)	사또-

4 궁금한 것 묻기

신문	新聞(しんぶん)	심붕
잡지	雑誌(ざっし)	잣씨
일본어	日本語(にほんご)	니홍고
베개	枕(まくら)	마꾸라
헤드폰	ヘッドホン	헷도홍
맑음	晴(は)れ	하레
구름 낌	曇(くも)り	쿠모리
비	雨(あめ)	아메
눈	雪(ゆき)	유끼

5 면세품 구입하기

담배	タバコ	타바꼬
향수	香水(こうすい)	코-스이
화장품	化粧品(けしょうひん)	케쇼-힝
술	お酒(さけ)	오사께
위스키	ウイスキー	우이스끼-
머플러	マフラー	마후라-

●● words
● 힘이 되는 여행자 단어

기념품	記念品(きねんひん)	키넹힝
볼펜	ボールペン	보-루뻰
만년필	万年筆(まんねんひつ)	만넹히쯔
팜플렛	パンフレット	팡후렛또
지불	支払(しはら)い	시하라이
신용카드	クレジットカード	쿠레짓또카-도
현금	現金(げんきん)	겡낑
영수증	レシート	레시-또
재고	在庫(ざいこ)	자이꼬

Chapter 02
Arrival

도착

- 여행 정보 – 입국 절차
  1. 입국심사 받기
  2. 짐 찾기
  3. 세관검사 받기
  4. 환전하기
  5. 숙소로 가기
- 힘이 되는 여행자 단어

여행정보 ▶ 입국 절차

1_ 입국 심사

나리타 국제공항에 도착하면 제일 먼저 입국 심사를 받게 됩니다. 심사관에게 여권과 입국카드를 제시하면 몇 가지 질문을 받게 되고 특별한 사유가 없다면 통과됩니다.

2_ 수하물 찾기

입국심사장을 통과한 후에는 탑승했던 비행기의 편명이 표시된 곳에서 짐을 찾습니다. 여행 출발 전 여행객들은 각자의 수하물에 꼬리표(tag)를 부착하게 되어 있고 꼬리표에 적힌 최종 행선지에서 수하물이 하역됩니다. 만약 기다려도 자신의 짐이 나오지 않을 때는 근처에 있는 직원을 찾아 도움을 청하는 것이 좋습니다.

3_ 세관 검사

수하물을 찾았다면, 세관 카운터(customs) 앞으로 가서 직원에게 짐과 여권, 세관신고서를 건네줍니다. 여기에서는 원래 여행객의 짐을 검사하여, 수입 금지품을 색출하고 세금을 매기는 일을 하는데, 일반 관광객이면 실제로는 짐을 검사하지 않고 세관신고서만 받고 통과시킵니다. 세관 검사시 짐을 열어 보는 경우는 거의 없지만, 만약 신고하지 않았다가 발견될 경우, 압류를 당하거나 큰 불이익을 받을 수 있으니 주의해야 합니다.

4_ 공항에서 목적지로 출발

세관 검사를 끝으로 모든 입국 심사가 끝이 납니다. 도착지 공항이 처음이고 마중 나오는 사람도 없다면 우선 공항 로비에 있는 안내소에서 호텔 예약, 교통편, 환전 등에 대해 차분히 물어 보면 됩니다.

01 입국심사 받기

❶ 여권과 입국카드를 보여 주세요.

パスポートと 入国(にゅうこく)ガードを 見(み)せて ください。

파스뽀-또또 뉴-꼬꾸카-도오 미세떼 쿠다사이

❷ 입국 목적은 무엇입니까?

入国(にゅうこく)の 目的(もくてき)は 何(なん)ですか。

뉴-꼬꾸노 모꾸떼끼와 난데스까

❸ 관광입니다.

観光(かんこう)です。

캉꼬-데스

❹ 며칠 간 머무를 예정입니까?

何日間(なんにちかん)の 滞在(たいざい)ですか。

난니찌깐노 타이자이데스까

❺ 일주일입니다.

一週間(いっしゅうかん)です。

잇슈-깐데스

Arrival

❻ 어디에서 묵을 예정입니까?

どこで 泊る 予定ですか。

도꼬데 토마루 요떼-데스까

❼ 힐튼호텔입니다.

ヒルトンホテルです。

히루똔호떼루데스

입국 심사

입국 심사장에 도착하면 외국인(外國人)이라고 표시된 전광판이 있는 곳에 가서 줄을 섭니다. 본인 차례가 되면 심사관에게 여권과 입국카드를 건네주고 몇 가지 질문에 영어나 일본어로 대답하면 됩니다. 통상적으로 입국 목적·체재 기간·체재 장소 등을 묻는데, 입국카드에 기재한 대로 명확히 대답하면 통과됩니다.

02 짐 찾기

① 713편의 턴테이블은 어느 쪽에 있습니까?

713便の ターンテーブルは どちらに ありますか。

나나이찌삼빈노 타-안테-부루와 도찌라니 아리마스까

② 짐은 어디에서 찾습니까?

荷物は どこで 受け取りますか。

니모쯔와 도꼬데 우께또리마스까

③ 제 트렁크가 안 보입니다.

私の トランクが 見つかりません。

와따시노 토랑꾸가 미쯔까리마셍

④ 짐이 어디에도 없습니다. 어떻게 하면 됩니까?

荷物が どこにも ありません。どう すれば いいですか。

니모쯔가 도꼬니모 아리마셍. 도- 스레바 이-데스까

⑤ 어느 편으로 오셨습니까?

どの 便で いらっしゃいましたか。

도노 빈데 이랏샤이마시따까

Arrival

❻ 트렁크에 이름표가 붙어 있습니까?

トランクに 名札(なふだ)が 付(つ)いて いますか。

토랑꾸니 나후다가 츠이떼 이마스까

❼ 빨간 리본이 붙어 있습니다.

赤(あか)い リボンが 付(つ)いて あります。

아까이 리봉가 츠이떼 아리마스

짐 찾기

입국 심사를 끝내고 계단을 통해 내려오면, 탑승했던 비행기의 편명이 표시된 곳에 가서 각자의 짐을 찾습니다. 턴테이블에 실려서 돌기 때문에 찾기가 어려울 수도 있습니다. 이 때 자신의 트렁크가 눈에 잘 띄도록 손잡이 부분에 리본을 달거나 글씨를 쓰는 등 쉽게 알아볼 수 있는 표시를 해 두는 것도 좋은 방법입니다.

03 세관검사 받기

❶ 세관신고서를 보여 주세요.

税関申告書を 見せて ください。

제-깐싱꾹쇼오 미세떼 쿠다사이

---

❷ 신고할 물품이 있습니까?

申告する ものは ありますか。

싱꼬꾸스루 모노와 아리마스까

---

❸ 트렁크 안에는 무엇이 들어 있습니까?

トランクの 中には 何が 入って いますか。

토랑꾸노 나까니와 나니가 하잇떼 이마스까

---

❹ 일용품과 옷뿐입니다.

日用品と 服だけです。

니찌요-힌또 후꾸다께데스

---

❺ 다른 짐은 없습니까?

他の 荷物は ありませんか。

호까노 니모쯔와 아리마셍까

Arrival

❻ 이것은 과세 대상이 됩니다.

これは 課税と なります。

코레와 카제-또 나리마스

❼ 아무쪼록 너그럽게 봐 주실 수 없겠습니까?

どうか 大目に 見て いただけませんか。

도-까 오-메니 미떼 이따다께마셍까

세관 검사

짐을 찾은 후에는 바로 세관 검사를 받게 됩니다. 기내에서 입국카드와 함께 받은 세관신고서에 구입한 면세품의 수량을 적어서 제시합니다. 세관 검사관은 특별한 경우를 제외하고는 짐을 열어보지는 않지만, 통상적으로 트렁크 속에 무엇이 있는지는 물어봅니다. 관광으로 입국하는 것이므로 옷가지와 생활용품이라고 대답하면 바로 통과하게 됩니다.

04 환전하기

❶ 환전은 어디에서 합니까?

両替は どこで できますか。

료-가에와 도꼬데 데끼마스까

❷ 「환전」이라고 쓰여진 곳으로 가세요.

「両替」と 書いて ある ところに 行って ください。

료-가에또 카이떼 아루 토꼬로니 잇떼 쿠다사이

❸ 이것을 환전해 주세요.

これを 両替して ください。

코레오 료-가에시떼 쿠다사이

❹ 지폐와 동전을 섞어 주실 수 있습니까?

お札と 小銭を 混ぜて もらえますか。

오사쯔또 코제니오 마제떼 모라에마스까

❺ 수수료는 얼마입니까?

手数料は いくらですか。

테스-료-와 이꾸라데스까

Arrival

❻ 계산서도 받고 싶습니다.

計算書も もらいたいですが。

케-산쇼모 모라이따이데스가

❼ 여행자수표를 현금으로 바꿔 주세요.

トラベラーズチェックを 現金に 替えて ください。

토라베라-즈첵꾸오 겡낀니 카에떼 쿠다사이

환전하기

시간적 여유가 있다면 미리 환전을 해 두는 것이 편하지만, 사정상 그럴 수 없었다면, 나리타공항의 도착 로비에서도 환전을 할 수가 있습니다. 도착 로비에는 은행도 있고 환전소도 있는데, 환전소의 위치가 은행보다 가까우므로 그 곳을 이용하는 것이 편리합니다. 환전할 경우에는, 지폐로만 하지 말고 동전도 섞어서 환전해 두면 교통비나 식비로 쓰기에 좋습니다.

05 숙소로 가기

❶ 여기에서 호텔 예약도 할 수 있습니까?

ここで ホテルの 予約も できますか。

코꼬데 호떼루노 요야꾸모 데끼마스까

❷ 역에서 가까운 호텔로 부탁합니다.

駅から 近い ホテルで お願いします。

에끼까라 치까이 호떼루데 오네가이시마스

❸ 이 호텔까지는 무엇을 타는 것이 좋습니까?

この ホテルまでは 何に 乗った 方が いいですか。

코노 호떼루마데와 나니니 놋따 호-가 이-데스까

❹ 리무진버스를 타는 것이 가장 편리합니다.

リムジンバスに 乗る のが 一番 便利です。

리무진바스니 노루 노가 이찌방 벤리데스

❺ 나리타 익스프레스가 가장 빠릅니다만, 매우 비쌉니다.

成田エクスプレスが 一番 速いですが、とても 高いです。

나리따엑스쁘레스가 이찌방 하야이데스가, 토떼모 타까이데스

Arrival

❻ 짐을 택배로 보내고 싶습니다.

荷物を 宅急便に したいです。

니모쯔오 탁뀨―빈니 시따이데스

❼ 이 짐을 버스 정류장까지 옮겨 주세요.

この 荷物を バス乗り場まで 運んで ください。

코노 니모쯔오 바스노리바마데 하꼰데 쿠다사이

숙소로의 교통편

나리타공항에서 도쿄 시내까지는 상당히 멉니다. 시내로 가는 교통편으로는 직행 고속버스인 리무진버스 외에 나리타 익스프레스와 케-세-(京成) JR노선, 스카이라이너 등이 있습니다. 이 중에서 나리타 익스프레스가 약 50분 정도 걸리므로 가장 빠르지만 그만큼 제일 비쌉니다. 급하지 않다면 저렴한 JR노선이나 스카이라이너를 이용하는 것도 좋습니다. 리무진버스는 도로 사정상 정체되는 경우가 많지만, 유명한 도심 호텔 앞까지 가므로 제일 편리하기도 합니다.

●● words
● 힘이 되는 여행자 단어

1 입국 심사 받기

입국심사	入国審査(にゅうこくしんさ)	뉴-꼬꾸신사
여행	旅行(りょこう)	료꼬-
비즈니스	ビジネス	비지네스
유학	留学(りゅうがく)	류-가꾸
직업	職業(しょくぎょう)	쇼꾸교-
학생	学生(がくせい)	각세-
회사원	会社員(かいしゃいん)	카이샤잉

2 짐 찾기

수하물	手荷物(てにもつ)	테니모쯔
귀중품	貴重品(きちょうひん)	키쪼-힝
카트	カート	카-또
표시	印(しるし)	시루시
분실	紛失(ふんしつ)	훈시쯔

비행기	飛行機（ひこうき）	히꼬-끼
편명	便名（びんめい）	빔메-

3 세관 심사 받기

세관	税関（ぜいかん）	제-깡
면세	免税（めんぜい）	멘제-
과세	課税（かぜい）	카제-
지인, 아는 사람	知り合い（しりあい）	시리아이
친구	友達（ともだち）	토모다찌
선물	プレゼント	푸레젠또

4 환전하기

안내소	案内所（あんないしょ）	안나이쇼
환전소	両替所（りょうがえしょ）	료-가에쇼
은행	銀行（ぎんこう）	깅꼬-
돈	お金（かね）	오까네
지폐	紙幣（しへい）	시헤-
계산	計算（けいさん）	케-상

●● words
● 힘이 되는 여행자 단어

5 숙소로 가기

시내	市内(しない)	시나이
정류장	乗り場(のりば)	노리바
노선도	路線図(ろせんず)	로센즈
표	切符(きっぷ)	킵뿌
티켓	チケット	치껫또
버스	バス	바스
지하철	地下鉄(ちかてつ)	치까떼쯔
택시	タクシー	탁씨ー

Chapter 03

Hotel

호텔

- ◉ 여행 정보 – 호텔
  1. 예약하기
  2. 체크인하기
  3. 룸서비스 이용하기
  4. 호텔시설 이용하기
  5. 호텔에서의 트러블
  6. 체크아웃하기
- ◉ 힘이 되는 여행자 단어

> **여행 정보**
>
> ## 호텔
>
> 호텔은 한국에서 출발하기 전에 미리 예약해 두는 것이 경비면에서도 이익이고 여러모로 편리합니다. 물론 예약을 하지 않아도 호텔에서 방을 구할 수 있겠지만 규정 요금을 다 받는 경우가 많고 단체 손님이 들어온 날은 방을 구하지 못할 수도 있습니다. 그래서 만약 미리 예약을 하지 못했다면 도착지 공항에서라도 예약을 하는 것이 좋습니다. 보통 공항의 수하물 찾는 곳이나 로비에 보면 여러 호텔들을 소개하는 광고판이 있는데 전화를 이용하여 예약을 하면 됩니다.

1. 체크인

호텔에 도착하여 프런트에서 등록 카드에 이름, 국적, 여권 번호, 주소 등을 적고 방 열쇠를 받아 방으로 가는 것을 체크인(check-in)이라고 합니다. 체크인할 때에는 프런트에 예약 확인서나 영수증을 제출하며 체크인하고 단체일 때에는 인솔 여행사 직원이 수속을 하여 단체에 알려줍니다. 체크인하는 시간은 일반적으로 오후 2시 이후이고 체크인이 늦어질 경우에는 미리 연락을 하는 것이 좋습니다.

2_ 호텔 시설 이용

1. 객실 이용

객실문을 열고 들어가면 객실 열쇠는 단순하게 문을 닫고 여는 기능만 하는 것이 아니라 전원과 연결되어 있습니다. 호텔에 따라서는 키가 카드로 되어 있는 곳도 있고 열쇠로 되어 있는 곳도 있는데 대부분 문을 연 후에 벽쪽에 있는 스위치에 키를 대거나 꽂아야만 방에 전등이 들어옵니다. 그리고 객실 내에 있는 간단한 차나 커피 믹서 등은 무료이나 냉장고 안의 시원한 음료와 알코올 등은 유료인 경우가 많으므로 유료 물품을 확인하는 것이 좋습니다.

2. 욕실 이용

외국 호텔의 욕조 밖의 바닥에는 하수 시설이 되어 있지 않은 곳이 많으므로 샤워를 할 때에는 커텐을 욕조 안으로 넣어 물이 밖으로 튀지 않도록 해야 합니다. 타월은 대형 타월, 일반적으로 많이 사용하는 크기의 타월, 손수건 크기의 타월 등 3종류가 있는데 작은 것은 샤워할 때 비누를 묻혀 사용하고, 중간 것은 얼굴을 닦

고, 큰 것은 몸을 닦으면 됩니다.

3. TV와 통신 시설

객실 텔레비전에는 일반 채널과 유료 채널이 있는데 유료 채널은 대부분 영화나 성인용 비디오 등으로 되어 있습니다. 유료 채널을 보고 싶다면 객실 내에 비치되어 있는 프로그램 안내서를 참고하면 됩니다. 또한 일부 호텔은 객실 내에서 팩스 시설은 물론 인터넷 서비스를 제공하기도 합니다.

4. 호텔 부대 시설 이용

일급 호텔들은 대부분 수영장, 헬스 클럽, 사우나, 레스토랑, 디스코텍 등 각종 부대시설이 잘 갖추어져 있으므로 잘 활용하면 편안하고 즐거운 여행이 될 것입니다. 또한 요즘엔 각 호텔마다 간단한 문서 작성이나 복사, 팩스, 텔렉스, DHL 서비스 등을 제공하고 있어 간단한 비즈니스 업무도 할 수 있도록 되어 있습니다.

3_ 호텔 서비스

호텔 객실 내에서 음식을 먹고 싶다면 룸서비스를 이용하면 되는데 객실에 비치된 룸서비스 메뉴판을 보고 주문하면 됩니다. 룸서비스는 호텔 식당의 식사 시간을 놓쳤거나 조용하게 식사를 하고 싶은 경우에 이용하면 편리합니다. 하지만 객실로 음식을 가져오는 종업원에게 팁을 줘야 하는데 보통 음식값의 10% 정도 주면 됩니다.

4_ 체크 아웃

호텔에서 투숙이 끝나 요금을 지불하고 나가는 것을 체크아웃(check out)이라고 합니다. 체크아웃 시간은 보통 오전 11시에서 정오 사이에 합니다. 만약 시간을 초과하면 요금을 더 내는 수가 있으므로 주의해야 합니다.

01 예약하기

❶ (관광안내소에서) 여기에서도 호텔 예약을 할 수 있습니까?

ここでも ホテルの 予約が できますか。

코꼬데모 호떼루노 요야꾸가 데끼마스까

❷ 이 호텔은 하라주쿠와 가깝습니까?

この ホテルは 原宿に 近いですか。

코노 호떼루와 하라쥬꾸니 치까이데스까

❸ 방을 예약하고 싶습니다.

部屋を 予約したいんですが。

헤야오 요야꾸시따인데스가

❹ 오늘 밤, 비어 있는 방이 있습니까?

今夜、空いて いる 部屋は ありますか。

콩야, 아이떼 이루 헤야와 아리마스까

❺ 하룻밤에 얼마입니까?

一泊、いくらですか。

입빠꾸, 이꾸라데스까

Hotel

❻ 이 요금은 아침식사 포함입니까?

この 料金(りょうきん)は 朝食付(ちょうしょくつ)きですか。

코노 료-낑와 쵸-쇼꾸쯔끼데스까

❼ 싱글(더블·트윈) 룸으로 부탁합니다.

シングル(ダブル·ツイン)ルームでお願(ねが)いします。

싱구루(다부루·츠인)루-무데 오네가이시마스

호텔 예약

호텔 예약은 여행사를 통한 패키지 여행인 경우에는 신경쓰지 않아도 되지만, 개인인 경우에는 출발하기 전에 미리 한국에서 해 두는 것이 안심이 되고 편리합니다. 그러나, 사정상 일본 현지에서 호텔을 찾을 경우에는 나리타공항이나 시내에 있는 관광안내소에 가면 됩니다. 예약을 할 때에는 호텔의 위치, 숙박료, 교통편 등을 꼼꼼하게 체크해 보고 결정해야 합니다.

02 체크인하기

❶ 어서 오십시오. 예약하시러 오셨습니까?

いらっしゃいませ。ご予約ですか。

이랏샤이마세. 고요야꾸데스까

---

❷ 체크인을 부탁합니다.

チェックインを お願いします。

첵꾸잉오 오네가이시마스

---

❸ 성함을 말씀해 주세요.

お名前を どうぞ。

오나마에오 도-조

---

❹ 전망이 좋은 방으로 해 주실 수 있습니까?

眺めの いい 部屋に して いただきますか。

나가메노 이- 헤야니 시떼 이따다끼마스까

---

❺ 우선, 숙박카드에 기입해 주세요.

とりあえず、宿泊カードに ご記入して ください。

토리아에즈, 슈꾸하꾸카-도니 고끼뉴-시떼 쿠다사이

Hotel

❻ 귀중품을 맡아 주실 수 있습니까?

貴重品を 預かって もらえますか。

키쬬힝오 아즈깟떼 모라에마스까

❼ 그럼, 손님 방까지 안내해 드리겠습니다.

それでは、 お客様の お部屋まで ご案内します。

소레데와, 오꺅사마노 오헤야마데 고안나이시마스

체크인

호텔에 도착하게 되면 가장 먼저 체크인을 하게 됩니다. 보통 체크인 시간은 오후 2시부터인 경우가 대부분이며, 체크인을 할 때에는 예약시의 주문 사항과 동일한지의 여부를 확인합니다. 즉, 숙박 일정 · 객실 형태 · 숙박료 등을 비롯하여 호텔 내에서의 서비스 및 시설의 이용에 대해서도 나중에 전화로 물어보는 것보다 체크인할 때 함께 확인해 두는 것이 좋습니다.

03 룸서비스 이용하기

❶ 룸서비스를 부탁하고 싶습니다.

ルームサービスを お願(ねが)いしたいんですが。

루-무사-비스오 오네가이시따인데스가

---

❷ 스파게티와 레드와인을 부탁합니다.

スパゲッティと 赤(あか)ワインを お願(ねが)いします。

스빠겟띠또 아까와잉오 오네가이시마스

---

❸ 여기는 123호실입니다.

こちらは 123号室(いちにさんごうしつ)です。

코찌라와 이찌니상고-시쯔데스

---

❹ 내일 아침식사는 9시에 먹고 싶습니다만, 안됩니까?

明日(あした)の 朝食(ちょうしょく)は 9時(くじ)に 食(た)べたいんですが、だめですか。

아시따노 쵸-쇼꾸와 쿠지니 타베따인데스가, 다메데스까

---

❺ (노크 소리를 듣고) 누구세요?

どちら様(さま)ですか。

도찌라사마데스까

❻ 네, 들어오세요.

はい、お入（はい）りください。

하이, 오하이리쿠다사이

❼ 이건 팁입니다, 받으세요.

これは チップです、どうぞ。

코레와 칩뿌데스, 도-조

룸서비스

· 체크인을 끝내고 방으로 들어올 때 짐을 가져다 준 호텔보이에게 룸서비스의 종류나 방에 있는 여러 가지 시설의 사용법에 대해 물어보는 것도 좋습니다. 대표적인 룸서비스는 방에서 식사나 음료를 주문하는 것으로, 방에 있는 메뉴를 보고 전화로 주문하면 됩니다. 또한, 방 안에서 직접 모닝콜을 설정할 수 있지만 잘 모를 경우에는 프런트에 전화하여 모닝콜을 부탁하는 것이 훨씬 편리하고 안전합니다.

04 호텔시설 이용하기

❶ 이 호텔에 수영장은 있습니까?

この ホテルに プールは ありますか。

코노 호떼루니 푸-루와 아리마스까

---

❷ 레스토랑은 몇 시까지 합니까?

レストランは 何時まで 開いて いますか。

레스또랑와 난지마데 아이떼 이마스까

---

❸ 한국에 국제전화를 걸고 싶습니다.

韓国に 国際電話を かけたいですが。

캉꼬꾸니 콕사이뎅와오 카께타이데스가

---

❹ 메일 체크를 하고 싶습니다만, 어디에서 할 수 있습니까?

メールの チェックを したいですが、どこで できますか。

메-루노 첵꾸오 시따이데스가, 도꼬데 데끼마스까

---

❺ 세탁 서비스는 없습니까?

洗濯サービスは ありませんか。

센따꾸사-비스와 아리마셍까

❻ 이 셔츠는 다려 주세요.

この シャツは アイロンを かけて ください。

코노 샤쯔와 아이롱오 카께떼 쿠다사이

❼ 우표는 어디에서 살 수 있습니까?

切手は とこで 買えますか。

킷떼와 도꼬데 카에마스까

호텔의 편의시설

호텔 안에는 여러 가지 시설이 많으며, 투숙객이라면 누구든지 이용할 수 있습니다. 룸서비스는 기본이며, 식사 · 청소 · 세탁 · 우편 등의 서비스도 받을 수 있습니다. 이 밖에도 수영장이나 디스코장 · 카지노 등을 이용할 수 있는 호텔도 있습니다. 특히, 고액의 여행자수표나 현금 등의 귀중품은 프런트에 문의하여 대여금고(Safety Box)를 빌려서 맡겨 두면 안심할 수 있습니다.

05 호텔에서의 트러블

❶ (프런트에) 죄송합니다만, 잠깐 와 주실 수 있습니까?

すみませんが、ちょっと 来(き)て もらえますか。

스미마셍가, 쵸또 키떼 모라에마스까

❷ 열쇠를 방 안에 둔 채 나왔습니다.

鍵(かぎ)を 部屋(へや)の 中(なか)に 置(お)いたまま 出(で)て きました。

카기오 헤야노 나까니 오이따마마 데떼 키마시따

❸ 예약을 취소해 주세요.

予約(よやく)を キャンセルして ください。

요야꾸오 캰세루시떼 쿠다사이

❹ 옆 방이 시끄러워서 잘 수가 없습니다. 방을 바꿔 주세요.

隣(となり)が うるさくて 眠(ねむ)れません。部屋(へや)を 替(か)えて ください。

토나리가 우루사꾸떼 네무레마셍. 헤야오 카에떼 쿠다사이

❺ 냉방(난방)이 전혀 안됩니다.

冷房(れいぼう)(暖房(だんぼう))が 全然(ぜんぜん) ききません。

레-보-(담보-)가 젠젠 키끼마셍

Hotel

❻ 뜨거운 물이 안 나옵니다. 지금 바로 수리하러 와 주세요.

お湯が 出ないんです。今すぐ 修理に 来て ください。

오유가 데나인데스. 이마스구 슈-리니 키떼 쿠다사이

❼ 냉장고 안이 텅 비어 있습니다.

冷蔵庫の 中が 空っぽです。

레-조-꼬노 나까가 카랍뽀데스

트러블 처리

호텔에 지내면서 겪는 여러 가지 불편한 점이나 불만사항, 시설물의 고장 등의 트러블은 생기는 즉시 그때 그때 프런트에 연락을 해서 빨리 처리를 받는 것이 좋습니다. 트러블에 관한 처리 요청 외에도 여러 가지 문의사항이 있는 경우는 주저하지 말고 프런트에 물어보는 것이 좋습니다. 프런트에 문의하는 것도 하나의 호텔 서비스에 해당한다고 볼 수 있습니다.

06 체크아웃하기

❶ 이 호텔의 체크아웃은 몇 시입니까?

この ホテルの チェックアウトは 何時ですか。

코노 호떼루노 첵꾸아우또와 난지데스까

---

❷ 체크아웃을 하고 싶습니다.

チェックアウトを したいんですが。

첵꾸아우또오 시따인데스가

---

❸ 계산을 부탁합니다. 456호실의 홍길동입니다.

会計を お願いします。456号室の ホンギルドンです。

카이께-오 오네가이시마스. 용고로꾸고-시쯔노 홍기루돈데스

---

❹ 이 요금은 무엇입니까? 잘 모르겠습니다.

この 料金は 何ですか。よく 分かりません。

코노 료-낑와 난데스까. 요꾸 와까리마셍

---

❺ 신용카드로 지불해도 됩니까?

クレジットカードで 支払っても いいですか。

쿠레짓또카-도데 시하랏떼모 이-데스까

Hotel

❻ 출발할 때까지 짐을 맡아 주실 수 있습니까?

出発の 時まで 荷物を 預かって もらえますか。

슛빠쯔노 토끼마데 니모쯔오 아즈깟떼 모라에마스까

❼ 오후 1시까지 택시를 불러 주세요.

午後 1時まで タクシーを 呼んで ください。

고고 이찌지마데 탁씨-오 욘데 쿠다사이

체크아웃

체크아웃을 할 경우에는 전날에 미리 프런트에 알려두는 것이 편합니다. 짐 꾸리기도 전날 밤에 미리 싸 두는 것이 좋습니다. 체크아웃시의 숙박료에는 객실 안의 냉장고에서 꺼내 마신 음료수와 룸서비스를 통한 식사 요금이 함께 계산됩니다. 보통 호텔에서는 프런트에 리무진버스 배차표가 비치되어 있어서 호텔 정문 앞에서 타고 공항까지 갈 수 있으므로 편리합니다. 호텔에서 리무진버스를 이용하지 않고 다른 교통수단을 이용하려면 미리 택시를 불러서 지하철역까지 가기도 합니다.

●● words
● 힘이 되는 여행자 단어

1 예약하기

빈 방	空(あ)き部屋(べや)	아끼베야
싱글룸	シングルルーム	싱구루루-무
더블룸	ダブルルーム	다부루루-무
트윈룸	ツインルーム	츠인루-무
스위트룸	スイートルーム	스이-토루-무

2 체크인하기

프런트	フロント	후론또
안내	受付(うけつけ)	우께쯔께
취소	取(と)り消(け)し	토리께시
캔슬	キャンセル	캰세루
확인하다	確認(かくにん)する	카꾸닌스루

조사하다	調(しら)べる	시라베루
성함	お名前(なまえ)	오나마에
주소	ご住所(じゅうしょ)	고쥬―쇼
전화번호	電話番号(でんわばんごう)	뎅와방고―
열쇠	キー	키―

3 룸서비스 이용하기

아침식사	朝食(ちょうしょく)	쵸―쇼꾸
점심식사	昼食(ちゅうしょく)	츄―쇼꾸
런치	ランチ	란찌
저녁식사	夕食(ゆうしょく)	유―쇼꾸
모닝콜	モーニングコール	모―닝구꼬―루
마사지	マッサージ	맛싸―지

●● words
● 힘이 되는 여행자 단어

4 호텔시설 이용하기

시설	施設(しせつ)	시세쯔
식당	食堂(しょくどう)	쇼꾸도-
미용실	美容院(びよういん)	비요-잉
약국	薬屋(くすりや)	쿠스리야
수영장	プール	푸-루
테니스장	テニスコート	테니스꼬-또
커피숍	コーヒーショップ	코-히-숍뿌
로비	ロビー	로비-
바	バー	바-
노래방	カラオケ	카라오께
세탁실	ランドリー	란도리-
콜렉트콜	コレクトコール	코레꾸또꼬-루
자판기	自販機(じはんき)	지항끼

5 호텔에서의 트러블

에어콘	エアコン	에아콩
히터	ヒーター	히-따-
화장실	トイレ	토이레
휴지	トイレットペーパー	토이렛또뻬-빠-
시트	シーツ	시-쯔
이불	布団(ふとん)	후똥
수도꼭지	蛇口(じゃぐち)	쟈구찌
누수	水漏(みずも)れ	미즈모레
고장나다	壊(こわ)れる	코와레루
더운 물	お湯(ゆ)	오유
고장나다	故障(こしょう)する	코쇼-스루

6 체크아웃하기

계산	会計(かいけい)	카이께-
금액	金額(きんがく)	킹가꾸
영수증	領収書(りょうしゅうしょ)	료-슈-쇼
추가 요금	追加料金(ついかりょうきん)	츠이까료-낑
분실물	忘(わす)れ物(もの)	와스레모노

Chapter 04

Transportation

교통

- 여행 정보 – 교통
  1. 길 묻기
  2. 버스 타기
  3. 지하철 타기
  4. 택시 타기
  5. 운전하기
- 힘이 되는 여행자 단어

여행정보 교통

일본은 교통비가 너무 비싸기 때문에 여기저기 다니는 것이 부담되고 겁나기도 합니다. 일본도 우리 나라와 마찬가지로 가장 많이 이용하는 교통 수단은 역시 편리하고 정확한 지하철입니다. 지하철을 이용하는 방법 역시 비슷하므로 크게 불편한 점은 없을 것입니다. 지하철 다음으로는 버스, 택시, 기차 등을 많이 이용하는데, 모두 요금이 비싸서 가까운 거리는 자전거를 타고 다니는 경우가 많습니다.

1_ 열차

일본의 열차는 기능과 시설이 세계 최고를 자랑할 정도로 우수합니다. 전국 곳곳으로 안 가는 곳 없이 연결되어 있어서, 일본을 처음 여행하는 사람도 어려움이나 불편함 없이 편리하게 이용할 수 있습니다. 특히, 일본의 열차는 특실과 금연석, 자유석, 지정석으로 나뉘어져 있는데, 보통 열차의 앞 차량은 지정석이고 뒤 차량은 자유석으로 구분되어 있습니다. 지정석으로 앉고 싶으면 역내의 매표소인 '미도리노 마도구찌'에서 미리 표를 구입하면 됩니다.

2_ 관광 버스

관광 버스를 타면 버스 안에 일본어 안내원이 동승하여 유명 관광지를 친절하게 설명해 주므로 편한 관광을 할 수 있습니다. 보통 기차역 주변에서 출발하는데 3시간 코스·반나절 코스·하루 코스가 있으므로 각자 편한 상황에 맞춰 선택할 수 있습니다.

3_ 자동발매기 사용법

일본의 지하철에 설치되어 있는 자동발매기는 우리 나라의 자동발매기와는 많이 다릅니다. 일본의 자동발매기를 사용하는 방법은 금액 버튼을 누르기 전에 먼저 돈을 투입해야 합니다. 돈을 넣은 후 목적지에 해당하는 역의 요금 표시를 누르면 됩니다. 역 이름과 해당 요금은 우리 나라와 마찬가지로 자동발매기 위의 노선도에 나와 있습니다. 또한, 일본의 자동발매기에는 만 엔짜리 지폐도 사용할 수 있어서 매우 편리합니다. 그리고 표를 구입할 때 돈이 모자라거나 목적지의 역보다 더 가게 된 경우는 도중에 내리지 않고 목적지까지 간 후에 그 곳에서 모자란 금액을 정산기를 통해 새로운 표로 받아서 개찰구에 넣고 나오면 됩니다.

01 길 묻기

❶ 저, 실례합니다. 잠깐 길을 묻고 싶습니다.

あのう、すみません。ちょっと 道を お尋ねしたいんですが。

아노-, 스미마셍, 쵸또 미찌오 오따즈네시따인데스가

---

❷ 저 교차로의 건너편에 있습니다.

あの 交差点の 向こう側に あります。

아노 코-사뗀노 무꼬-가와니 아리마스

---

❸ 이 백화점으로 가는 길을 가르쳐 주세요.

この デパートへ 行く 道を 教えて ください。

코노 데빠-또에 이꾸 미찌오 오시에떼 쿠다사이

---

❹ 여기서부터 곧장 가세요.

ここから まっすぐ 行って ください。

코꼬까라 맛쓰구 잇떼 쿠다사이

---

❺ 저기 보이는 모퉁이에서 오른쪽으로 돌면 바로 있습니다.

あそこに 見える 角で 右に 曲がると すぐです。

아소꼬니 미에루 카도데 미기니 마가루또 스구데스

Transportation

❻ 길을 잃어버렸습니다만, 여기는 어떻게 가면 됩니까?

道に 迷いましたが、ここは どうやって 行けば いいですか。

미찌니 마요이마시따가, 코꼬와 도-얏떼 이께바 이-데스까

❼ 걸어서 가면 어느 정도 걸립니까?

歩いて 行くと どのくらい かかりますか。

아루이떼 이꾸또 도노꾸라이 카까리마스까

길 묻기

일본에서 길을 잃었거나 위치를 물을 경우에 대비하여 미리 목적지의 번지수를 종이에 적어서 지갑 속에 넣어 두는 것이 좋습니다. 일본은 구역 정리가 아주 잘 되어 있기 때문에 주소만 있으면 쉽게 찾을 수 있습니다. 길을 가다가 지나가는 사람에게 묻는 것도 좋지만, 쉽고 빠르게 찾으려면 우리 나라의 파출소에 해당하는 '코-방'에 가서 주소지를 보여 주면 친절하게 가르쳐 줍니다.

02 버스 타기

❶ 여기에서 가장 가까운 버스정류장은 어디입니까?

ここから 一番 近い バス停は どこですか。

코꼬까라 이찌방 치까이 바스떼-와 도꼬데스까

❷ 이 버스가 신주쿠행입니까?

この バスが 新宿行きですか。

코노 바스가 신쥬꾸유끼데스까

❸ 다음 정류장에서 내리면 됩니까?

次の 停留場で 降りれば いいですか。

츠기노 테-류-죠-데 오리레바 이-데스까

❹ 어느 버스를 타면 시부야역으로 갈 수 있습니까?

どの バスに 乗れば 渋谷駅に 行けますか。

도노 바스니 노레바 시부야에끼니 이께마스까

❺ 버스 노선표가 필요합니다만, 어디에서 얻을 수 있습니까?

バスの 路線図が ほしいですが、どこで もらえますか。

바스노 로센즈가 호시-데스가, 도꼬데 모라에마스까

Transportation

❻ 다음 버스는 어느 정도 기다리면 도착합니까?

次の バスは どのくらい 待てば 到着しますか。

츠기노 바스와 도노꾸라이 마떼바 토-챠꾸시마스까

❼ 표는 어디에서 팝니까?

切符は どこで 売って いますか。

킵뿌와 도꼬데 웃떼 이마스까

버스 타는 법

일본의 버스 정류장은 버스에 따라 배차 시간이 다르기 때문에 여러 대의 버스가 동시에 도착하는 것은 찾아볼 수 없는 광경입니다. 버스 정류장에 도착하면 차례대로 줄을 서서 기다리다가 버스를 타면 됩니다. 일본의 시내 버스는 보통 뒷문으로 타면서 정리권을 뽑고, 목적지에 도착할 때가 되면 앞문 쪽의 전광판을 보고 미리 뽑은 정리권의 번호에 해당하는 요금을 확인한 후 지불하고 앞문으로 내리면 됩니다.

03 지하철 타기

❶ 자동매표기는 어디에 있습니까?

切符販売機は どこに ありますか。

킵뿌함바이끼와 도꼬니 아리마스까

❷ 시나가와행 전철은 몇 번 홈에서 탑니까?

品川行きの 電車は 何番ホームで 乗りますか。

시나가와유끼노 덴샤와 남반호-무데 노리마스까

❸ 하라주쿠에 가려면 어느 역에서 갈아탑니까?

原宿に 行くには どの 駅で 乗り換えますか。

하라쥬꾸니 이꾸니와 도노 에끼데 노리까에마스까

❹ 이 전철의 첫차(막차)는 몇 시입니까?

この 電車の 始発(終電)は 何時ですか。

코노 덴샤노 시하쯔(슈-덴)와 난지데스까

❺ 우에노역은 여기서부터 몇 번째 역입니까?

上野駅は ここから 何番目の 駅ですか。

우에노에끼와 코꼬까라 남밤메노 에끼데스까

Transportation

❻ 도저히 2번 출구가 보이지 않습니다.

どうしても 2番の 出口が 見当たりません。

도-시떼모 니반노 데구찌가 미아따리마셍

❼ 이 전철은 도쿄역에 섭니까?

この 電車は 東京駅に 止まりますか。

코노 덴샤와 토-꾜-에끼니 토마리마스까

전철과 지하철

우리 나라는 전철과 지하철을 구분하지 않고 같은 뜻으로 쓰지만, 일본의 경우는 명확하게 구분되어 있습니다. 전철은 지상으로 다니는 열차를 말하고, 지하철은 말 그대로 지하로 다니는 열차를 말합니다. 또한, 전철과 지하철은 각 노선별로 요금도 틀리며, 전철에서 지하철로 환승할 경우에는 표도 다시 구입해야 하므로 미리 목적지를 확인해 두는 것이 좋습니다.

04 택시 타기

❶ 이 근처에 택시 타는 곳이 있습니까?

この 近くに タクシー乗り場が ありますか。

코노 치까꾸니 탁씨-노리바가 아리마스까

❷ 여기에서 택시를 잡을 수 있습니까?

ここで タクシーを ひろえますか。

코꼬데 탁씨-오 히로에마스까

❸ 뒷 트렁크를 열어 주세요.

後ろの トラックを 開けて ください。

우시로노 토랑꾸오 아께떼 쿠다사이

❹ 이 주소로 가 주세요.

この 住所まで お願いします。

코노 쥬-쇼마데 오네가이시마스

❺ 목적지까지는 아직 멀었습니까?

目的地までは まだ 遠いですか。

모꾸떼끼찌마데와 마다 토-이데스까

Transportation

❻ 저 수퍼 앞에서 세워 주세요.

あの スーパーの 前で 止めて ください。

아노 스-빠-노 마에데 토메떼 쿠다사이

❼ 잔돈은 안 받겠습니다.

おつりは 結構です。

오쯔리와 켁꼬-데스

택시 이용

일본의 택시는 타고 내릴 때 자동으로 문이 열리고 닫힙니다. 그리고 택시 타는 곳이 정해져 있으므로 우리 나라처럼 아무 곳에서나 손을 흔들어 택시를 잡을 수 없습니다. 또한 일본의 택시는 합승을 할 수 없으며 보통 뒷좌석에 앉습니다. 미터기에 표시된 금액을 지불하면 자동으로 나오는 영수증을 받고 내립니다.

05 운전하기

❶ 오사카까지는 자동차로 몇 시간정도 걸립니까?

大阪までは 車で 何時間ぐらい かかりますか。

오-사카마데와 쿠루마데 난지깡구라이 카카리마스까

❷ 나는 운전면허증을 가지고 있습니다.

私は 運転免許証を 持って います。

와따시와 운뗑멩꾜쇼-오 못떼 이마스

❸ 가장 가까운 주유소는 어디입니까?

一番 近い ガソリンスタンドは どこですか。

이찌방 치까이 가소린스딴도와 도꼬데스까

❹ (주유소에서) 가득 넣어 주세요.

満タンに して ください。

만딴니 시떼 쿠다사이

❺ 여기에 차를 주차해도 됩니까?

ここに 車を 駐車しても いいですか。

코꼬니 쿠루마오 츄-샤시떼모 이-데스까

Transportation

❻ 저 주차장의 주차 요금은 얼마입니까?

あの 駐車場の 駐車料金は いくらですか。

아노 츄-샤죠-노 츄-샤료-낑와 이꾸라데스까

❼ 갑자기 타이어가 펑크난 경우는 어떻게 합니까?

急に タイヤが パンクした 場合は どう しますか。

큐-니 타이야가 팡꾸시따 바아이와 도- 시마스까

여행 Tip

통행 방향

일본에 도착하자마자 제일 먼저 당황하는 것이 바로 우리나라와 정반대의 통행 방향입니다. 그래서, 버스와 택시의 출입문과 자동차를 비롯한 모든 차량의 운전석이 왼쪽이 아니라 오른쪽에 있습니다. 특히, 횡단보도를 건널 경우에는 반대 방향인 오른쪽에서 차가 오므로 습관처럼 왼쪽을 살펴보지 말고 오른쪽을 살펴본 후 건너야 합니다. 무심코 건너다가 사고를 당할 위험도 있으므로 도로에서는 하나하나 조심하면서 다니는 것이 좋습니다.

●● words
● 힘이 되는 여행자 단어

1 길 묻기

지도	地図(ちず)	치즈
교차로	交差点(こうさてん)	코-사뗑
거리	通(とお)り	토-리
모퉁이	角(かど)	카도
왼쪽	左側(ひだりがわ)	히다리가와
오른쪽	右側(みぎがわ)	미기가와
건너편	向(む)こう側(がわ)	무꼬-가와
횡단보도	横断歩道(おうだんほどう)	오-단호도-

2 버스 타기

시내버스	市内(しない)バス	시나이바스
관광버스	観光(かんこう)バス	캉꼬-바스
직행버스	直行(ちょっこう)バス	쵹꼬-바스

3 지하철 타기

역무원	駅員（えきいん）	에끼잉
홈	ホーム	호-무
개찰구	改札口（かいさつぐち）	카이사쯔구찌
표	切符（きっぷ）	킵뿌
자동발매기	自動発売機（じどうはつばいき）	지도-하쯔바이끼
시각표	ダイヤ	다이야
첫차	始発（しはつ）	시하쯔
막차	終電（しゅうでん）	슈-뎅
정차	停車（ていしゃ）	테-샤

4 택시 타기

기본요금	基本料金（きほんりょうきん）	키혼료-낑
할증	割増（わりまし）	와리마시
빈차	空車（くうしゃ）	쿠-샤
운전기사	運転手（うんてんしゅ）	운뗀슈

●● words
● 힘이 되는 여행자 단어

5 운전하기

오토매틱	オートマチック	오-또마찍꾸
렌터카	レンタカー	렌따까-
핸들	ハンドル	한도루
액셀	アクセル	악쎄루
브레이크	ブレーキ	부레-끼
주유소	ガソリンスタンド	가소린스딴도
주차장	駐車場（ちゅうしゃじょう）	츄-샤죠-
운전면허증	運転免許証（うんてんめんきょしょう）	운뗑멩꾜쇼-

Chapter 05
Shopping

쇼핑

- ◉ 여행 정보 – 쇼핑
- 1. 물건 찾기
- 2. 물건 고르기
- 3. 물건 사기(1) 백화점
- 4. 물건 사기(2) 면세점
- 5. 물건 사기(3) 편의점
- 6. 계산하기
- 7. 교환 · 반품 · 환불
- ◉ 힘이 되는 여행자 단어

 **쇼핑**

여행에 있어서 빼놓을 수 없는 것이 바로 쇼핑입니다. 관광과 함께 또 하나의 여행 목적이 되기도 합니다. 일본에서의 쇼핑은 물가가 비싸고, 원화의 10배에 가까운 높은 환율로 인하여 엄두를 못 내는 경우가 많습니다. 대표적인 쇼핑 공간으로는 공항의 출국 대합실에 있는 면세점이나 신쥬쿠, 시부야, 긴자 등의 도심에 있는 백화점이지만, 우리 나라의 재래시장에 해당하는 상점가(商店街 ; 쇼-뗑가이)나 24시간 열려 있는 편의점도 이용하면 좋습니다.

1_ 일본의 화폐

현재 일본에서 사용되고 있는 화폐 중에서 가장 큰 금액은 10,000엔짜리 지폐인데, 일본의 지폐는 10,000엔, 5,000엔, 2,000엔, 1,000엔의 4종류가 있습니다. 특히 2,000엔 지폐는 2,000년을 기념하여 2,000년도에 새롭게 발행된 것으로 실제로 아주 편리하게 쓰여지고 있습니다. 일본의 동전은 우리 나라와 똑같이 500엔, 100엔, 50엔, 10엔, 5엔, 1엔의 6종류가 있습니다. 이 중에서 50엔 동전은 가운데 구멍이 뚫려 있어서 구별하기 쉽습니다. 또한, 일본 여행을 마치고 귀국하여 남은 일본 동전을 원화로 환전하려면 원래 환율의 50%밖에 계산되지 않으므로 동전은 여행 중에 요령 있게 남기지 말고 다 쓰고 오는 것이 좋습니다.

2_ 여행자수표

고액의 현금을 위험 부담 없이 편리하게 소지하고자 할 경우에 쓰는 것이 여행자수표인데, 이것은 일본 국내의 모든 상점에서 사용할 수 있는 것은 아닙니다. 주로 백화점이나 면세점에서만 사용할 수 있으며 일반 상점이나 수퍼마켓 등에서는 대부분 사용할 수가 없습니다.

3_ 신용카드

현금을 많이 가지고 가지 않는 대신에 해외에서 사용할 수 있는 신용카드를 가지고 가면 편리하게 쇼핑할 수 있습니다. 보통 비자 또는 비씨로 통용되는 신용카드는, 상점의 출입구에 해당 카드의 마크가 부착되어 있는 곳이라면 사용할 수 있습니다.

01 물건 찾기

❶ 어서 오십시오. 무얼 찾으십니까?

いらっしゃいませ。何を お探しですか。

이랏샤이마세, 나니오 오사가시데스까

❷ 잠깐 구경하고 있습니다.

ちょっと 見て いる だけです。

쵸또 미떼 이루 다께데스

❸ 원피스를 찾고 있는데, 눈에 띄질 않습니다.

ワンピースを 探して いるんですが、見当たりません。

왐삐-스오 사가시떼 이룬데스가, 미아따리마셍

❹ 부츠를 사고 싶은데, 권해 주실 부츠가 있습니까?

ブーツが ほしいですが、お勧めが ありますか。

부-쯔가 호시-데스가, 오스스메가 아리마스까

❺ 이것과 같은 색의 손수건도 있습니까?

これと 同じ 色の ハンカチも ありますか。

코레또 오나지 이로노 항까찌모 아리마스까

Shopping

❻ 이 셔츠보다 한 치수 큰 것을 원합니다.

この シャツより 1つ 上の サイズが ほしいですが。

코노 샤쯔요리 히또쯔 우에노 사이즈가 호시-데스가

❼ 아버지 선물로는 무엇이 좋을까요?

父への プレゼントには 何が いいでしょうか。

치찌에노 푸레젠또니와 나니가 이-데쇼-까

점원 부르기

점원을 부를 때에는 우리 나라의 '저기요', ' 여보세요'에 해당하는 すみません(스미마셍)을 쓰면 됩니다. 또한, 일본에서는 진열되어 있는 상품을 손으로 만져서는 안됩니다. 마음에 드는 것이 있으면 먼저 점원을 불러서 허락을 받는 것이 매너입니다. 점원 역시 손님을 따라다니면서 말을 걸거나 권유하는 것은 손님의 쇼핑을 방해하는 행동이므로 하지 않습니다. 참고로, 우리 나라에서 말하는 아이 쇼핑(eye shopping)을 일본에서는 윈도우 쇼핑(window shopping)이라고 합니다.

02 물건 고르기

❶ 어느 쪽이 나에게 어울립니까?

どっちの 方が 私に 似合いますか。

돗찌노 호-가 와따시니 니아이마스까

❷ 저기 있는 하얀 것을 보여 주세요.

あそこに ある 白い のを 見せて ください。

아소꼬니 아루 시로이 노오 미세떼 쿠다사이

❸ 저기요, 이 반지 좀 보여 주시겠습니까?

すみません、この 指輪を 見せて もらえますか。

스미마셍. 코노 유비와오 미세떼 모라에마스까

❹ 똑같은 디자인으로 색상이 다른 것을 몇 가지 보고 싶습니다.

同じ デザインで 色違いを いくつか 見たいです。

오나지 데자인데 이로찌가이오 이꾸쯔까 미따이데스

❺ 이 색깔보다 화려한(수수한) 것은 없습니까?

この 色より 派手(地味)な 物は ありませんか。

코노 이로요리 하데(지미)나 모노와 아리마셍까

Shopping

❻ 이 사이즈보다 큰(작은) 것은 없습니까?

この サイズより 大きい(小さい) 物は ありませんか。

코노 사이즈요리 오-끼이(치-사이) 모노와 아리마셍까

❼ 최근에는 어떤 디자인이 유행하고 있습니까?

最近は どんな デザインが 流行って いますか。

사이낑와 돈나 데자잉가 하얏떼 이마스까

일본에서의 쇼핑

여행지에 가면 그 나라의 전통적인 기념품이나 과자류 등을 많이 사게 됩니다. 그러나, 일본은 전자제품의 메카이므로, 일본에 가면 으레 전자제품을 사옵니다. 여행객의 대부분은 전자제품 할인점이 밀집되어 있는 아키하바라(秋葉原)를 가지만, 우에노(上野)에 있는 타케야(竹屋)가 더 저렴하게 판매하므로 이 곳을 가 보는 것도 좋습니다. 단, 이 곳에서는 현금 판매만 가능하므로 불편한 점도 있습니다.

03 물건 사기(1) 백화점

❶ 부인복(신사복) 매장은 몇 층입니까?
婦人服(紳士服)の 売り場は 何階ですか。

후징후꾸(신시후꾸)노 우리바와 낭가이데스까

❷ 신상품은 어느 쪽에 있습니까?
新商品は どの 辺に ありますか。

신쇼-힝와 도노 헨니 아리마스까

❸ 개점(폐점) 시간은 몇 시입니까?
開店(閉店) 時間は 何時ですか。

카이뗀(헤-뗀) 지깡와 난지데스까

❹ 휴점일(세일)은 언제입니까?
お休み(バーゲン)は いつですか。

오야스미(바-겡)와 이쯔데스까

❺ 잠깐 입어 봐도 됩니까?
ちょっと 試着して みても いいですか。

쵸또 시챠꾸시떼 미떼도 이-데스까

Shopping

❻ 딱 좋습니다. / 조금 끼입니다.(헐렁합니다.)

ちょうど いいです。 / ちょっと きつい(ゆるい)です。

쵸-도 이-데스 / 쵸또 키쯔이(유루이)데스

❼ 손질은 어떻게 하면 됩니까?

お手入れは どう すれば いいですか。

오떼이레와 도- 스레바 이-데스까

백화점

일본의 백화점은 우리 나라보다 훨씬 규모도 크고 도심의 번화가라면 여기저기에서 눈에 띌 정도로 그 수도 많습니다. 유명 백화점으로는 이세탄(伊勢丹)·미츠코시(三越)·케-오(京王)·타카시마야(高島屋)·마루이(丸井) 등이 있습니다. 보통 오전 10시에 개점하여 오후 7시경이면 폐점을 하는데, 일반 상점이나 시장보다 1시간 정도 빨리 문을 닫습니다.

04 물건 사기(2) 면세점

❶ 향수(화장품)는 몇 층에 있습니까?

香水(化粧品)は 何階に あります か。
こうすい けしょうひん なんがい

코-스이(케쇼-힝)와 낭가이니 아리마스까

❷ 좀 더 싼(가벼운) 것은 없습니까?

もう 少し 安い(軽い) のは ありませんか。
すこ やす かる

모- 스꼬시 야스이(카루이) 노와 아리마셍까

❸ 여권은 가지고 오셨습니까?

パスポートは お持ちですか。
も

파스뽀-또와 오모찌데스까

❹ 면세가 되는 것은 얼마까지입니까?

免税に なる のは いくらまでですか。
めんぜい

멘제-니 나루 노와 이꾸라마데데스까

❺ 선물용 술로 이 위스키는 어떻습니까?

お土産用の お酒に この ウイスキーは どうですか。
みやげよう さけ

오미야게요-노 오사께니 코노 우이스끼-와 도-데스까

Shopping

❻ 물건 수령은 어디에서 합니까?

品物の 受取は どこで しますか。

시나모노노 우께또리와 도꼬데 시마스까

❼ 담배는 몇 보루까지 면세가 됩니까?

タバコは 何ボールまで 免税に なりますか。

타바꼬와 남보-루마데 멘제-니 나리마스까

면세점

면세점은 공항의 출국 대합실에 두세 곳 있으며 시내 중심가에도 있습니다. 면세점에서 구입할 경우에는 반드시 여권을 제시해야 하며 구입한 물건은 출국 당일에 공항 안의 면세점에서 영수증을 제시하고 구입한 물건을 건너 받게 됩니다.

05 물건 사기(3) 편의점

❶ 새로 나온 아이스크림은 아직 안 들어 왔습니까?

新発売の アイスクリームは まだ 入って いませんか。

싱하쯔바이노 아이스꾸리-무와 마다 하잇떼 이마셍까

---

❷ 여기에서 팩스(복사)도 가능합니까?

ここで ファックス(コピー)も できますか。

코꼬데 확쓰(코삐-)모 데끼마스까

---

❸ 술과 담배도 팝니까?

お酒と タバコも 売って いますか。

오사께또 타바꼬모 웃떼 이마스까

---

❹ 도시락 코너는 어느 쪽입니까?

お弁当コーナーは どちらですか。

오벤또-코-나-와 도찌라데스까

---

❺ 이 덮밥을 전자렌지에 데워 주시겠습니까?

この どんぶりを レンジで 温めて もらえますか。

코노 돔부리오 렌지데 아따따메떼 모라에마스까

Shopping

❻ 컵라면을 먹고 싶습니다만, 뜨거운 물은 없습니까?

カップラーメンを 食(た)べたいですが、お湯(ゆ)は ありませんか。

캅뿌라-멩오 타베따이데스가, 오유와 아리마셍까

❼ 단팥빵이 눈에 띄지 않습니다. 좀 찾아 주세요.

あんパンが 見(み)当たりません。ちょっと 探(さが)して ください。

암빵가 미아따리마셍. 쵸또 사가시떼 쿠다사이

편의점

1년 365일 쉬는 날 없이 매일 24시간 이용할 수 있는 편의점은 コンビニ(콤비니)라고 하는데, 일본의 편의점은 상당히 발달되어 있습니다. 시골의 작은 동네에까지 편의점이 들어와 있을 정도이므로 일본 전국의 점포 수는 셀 수 없을 정도입니다. 또한, 각종 공공요금의 수납에서부터 복사·팩스 등의 사무 대행도 가능하고, 소포도 보낼 수 있습니다. 무엇보다도 다양한 메뉴의 도시락 코너가 잘 꾸며져 있기 때문에 한밤중에 출출한 경우에는 매우 편리합니다.

06 계산하기

❶ 전부 얼마입니까?

全部で いくらに なりますか。
ぜんぶ

젬부데 이꾸라니 나리마스까

❷ 계산 좀 해 주세요.

会計を お願いします。
かいけい　　ねが

카이께-오 오네가이시마스

❸ 이 가격은 소비세 포함입니까?

この 値段は 消費税込みですか。
　　 ねだん　 しょうひぜい こ

코노 네당와 쇼-히제-꼬미데스까

❹ 너무 비싸네요. 좀 깎아 주실 수 없습니까?

高すぎますね。少し 負けて くださいませんか。
たか　　　　　　すこ　ま

타까스기마스네. 스꼬시 마께떼 쿠다사이마셍까

❺ 카드로도 지불할 수 있습니까?

カードでも 支払いできますか。
　　　　　 しはら

카-도데모 시하라이데끼마스까

108 왕초보도 즐거운 여행 일본어

Shopping

❻ 계산이 틀린 것 같습니다. 잔돈이 부족합니다.

計算間違いの ようです。お釣りが たりないです。

케-상마찌가이노 요-데스. 오쯔리가 타리나이데스

❼ 영수증 좀 주시겠습니까?

レシートを いただけますか。

레시-또오 이따다께마스까

소비세

일본에서는 물건을 구입하면 무조건 구입 가격의 5%에 해당하는 소비세를 함께 지불해야 합니다. 보통 가격표에는 소비세가 포함되어 있지 않으며 계산할 때 추가됩니다. 그래서, 일본에서는 10엔 동전·5엔 동전·1엔 동전이 아주 유용합니다. 1987년 4월부터 시작된 소비세는 처음엔 3%였지만 현재는 5%로 인상되었습니다. 그러나, 지하철표와 버스 요금, 그리고 담배나 음료수 등을 자동판매기에서 살 경우에는 소비세가 붙지 않습니다.

07 교환 · 반품 · 환불

❶ 사이즈가 맞지 않으니까, 하나 위(아래) 사이즈로 바꿔 주세요.

サイズが 合いませんので、1つ 上(下)の サイズに 取り替えて ください。

사이즈가 아이마센노데, 히또쯔 우에(시따)노 사이즈니 토리까에떼 쿠다사이

❷ 살 때는 몰랐습니다만, 여기에 얼룩이 묻어 있습니다.

買う ときは 気づきませんでしたが、ここに シミが ついて います。

카우 토끼와 키즈끼마센데시따가, 코꼬니 시미가 츠이떼 이마스

❸ 다른(새로운) 것으로 교환해 주실 수 있습니까?

別の(新しい) ものに 交換して もらえますか。

베쯔노(아따라시-) 모노니 코-깐시떼 모라에마스까

❹ 이것을 반품하고 싶습니다만, 어디로 가면 됩니까?

これを 返品したいですが、どこに 行けば いいですか。

코레오 헴삔시따이데스가, 도꼬니 이께바 이-데스까

❺ 아직 신지(입지) 않았습니다만, 반품이 가능합니까?

まだ はいて(着て) いませんが、返品が できますか。

마다 하이떼(키떼) 이마셍가, 헴삥가 데끼마스까

Shopping

❻ 상품의 질이 너무 나빠서, 환불받고 싶습니다.

商品の 質が あまりにも 悪くて、返金して もらいたいです。

쇼-힌노 시쯔가 아마리니모 와루꾸떼, 헹낀시떼 모라이따이데스

❼ 영수증을 잃어버린 경우에도 교환(반품·환불)할 수 있습니까?

レシートを なくした 場合も 交換(返品・返金)できますか。

레시-또오 나꾸시따 바아이모 코-깐(헴삔・헹낀)데끼마스까

쇼핑 트러블

어디에서나 교환·반품·환불은 판매자가 달갑지 않게 생각하는 것입니다. 일본에서도 마찬가지인데, 이 중에서도 환불은 아주 특별한 경우가 아니라면 거의 불가능합니다. 교환을 원할 경우에는 반드시 영수증을 제시해야만 가능하므로, 구입 후에도 영수증은 버리지 말고 잘 챙겨 두어야 합니다. 교환이 가능한 시기도 상품에 따라 구입 후 3일 이내 또는 7일 이내로 각각 다르므로, 상품을 구입할 때 미리 점원에게 물어보는 것이 좋습니다.

● ● words
● 힘이 되는 여행자 단어

1 물건 찾기

백화점	デパート	데빠—또
슈퍼마켓	スーパー	스—빠—
상점가	商店街(しょうてんがい)	쇼—뗑가이
서점	本屋(ほんや)	홍야
문방구점	文房具屋(ぶんぼうぐや)	붐보—구야
빵집	パン屋(や)	팡야
점원	店員(てんいん)	텡잉
상의	上着(うわぎ)	우와기
속옷	下着(したぎ)	시따기
양복	背広(せびろ)	세비로
넥타이	ネクタイ	네꾸따이
스커트	スカート	스까—또
운동화	スニーカー	스니—까—
핸드백	ハンドバッグ	한도박구

사전	辞典(じてん)	지뗑
볼펜	ボールペン	보-루뻰
편지지	便(びん)せん	빈셍
봉투	封筒(ふうとう)	후-또-

2 물건 고르기

사이즈	サイズ	사이즈
크다	大(おお)きい	오-끼-
작다	小(ちい)さい	치-사이
색상	カラー	카라-
밝다	明(あか)るい	아까루이
어둡다	暗(くら)い	쿠라이
화려하다	派手(はで)	하데
수수하다	地味(じみ)	지미
스타일	スタイル	스따이루
디자인	デザイン	데자잉
일본제	日本製(にほんせい)	니혼세-
면	綿(めん)	멩
실크	シルク	시루꾸

●● words
● 힘이 되는 여행자 단어

손수건	ハンカチ	항까찌
양말	靴下(くつした)	쿠쯔시따
모자	帽子(ぼうし)	보―시
벨트	ベルト	베루또
기념품	記念品(きねんひん)	키넹힝
그림 엽서	絵葉書(えはがき)	에하가끼

3 물건 사기(1) 백화점

개점	開店(かいてん)	카이뗑
폐점	閉店(へいてん)	헤―뗑
매장	売(う)り場(ば)	우리바
상품	商品(しょうひん)	쇼―힝
브랜드	ブランド	부란도
종이 봉지	紙袋(かみぶくろ)	카미부꾸로
향수	香水(こうすい)	코―스이

스카프	スカーフ	스까-후
화장품	化粧品(けしょうひん)	케쇼-힝
부인복	婦人服(ふじんふく)	후징후꾸
신사복	紳士服(しんしふく)	신시후꾸
장난감	おもちゃ	오모쨔
가전	家電(かでん)	카뎅
가구	家具(かぐ)	카구
귀걸이	ピアス	피아스
목걸이	ネックレス	넥꾸레스
반지	指輪(ゆびわ)	유비와

4 물건 사기(2) 면세점

텔레비전	テレビ	테레비
컴퓨터	パソコン	파소꽁
디지털카메라	デジカメ	데지까메
카메라	カメラ	카메라
전자계산기	電卓(でんたく)	덴따꾸
전기밥솥	電気釜(でんきがま)	뎅끼가마
손목시계	腕時計(うでどけい)	우데도께-

words

힘이 되는 여행자 단어

보석	宝石(ほうせき)	호-세끼

5 물건 사기(3) 편의점

도시락	お弁当(べんとう)	오벤또-
음료수	飲(の)み物(もの)	노미모노
밥	ごはん	고항
정식	定食(ていしょく)	테-쇼꾸
국수	そば	소바
우동	うどん	우동
복사	コピー	코삐-
팩스	ファックス	확스
택배	宅急便(たっきゅうびん)	탁뀨-빙
과자	お菓子(かし)	오까시
공과금	公共料金(こうきょうりょうきん)	코-꾜-료-낑
신발매	新発売(しんはつばい)	싱하쯔바이

116 왕초보도 즐거운 여행 일본어

판매	販売(はんばい)	함바이
캔맥주	缶(かん)ビール	캄비-루
캔커피	缶(かん)コーヒー	캉코-히-
통조림	缶詰(かんづめ)	칸즈메
디저트	デザート	데자-또

6 계산하기

현금	現金(げんきん)	겡낑
카드	カード	카-도
계산	会計(かいけい)	카이께-
남은 돈	お返(かえ)し	오까에시
잔돈	お釣(つ)り	오쯔리
계산	計算(けいさん)	케-상
정가	定価(ていか)	테-까
금액	金額(きんがく)	킹가꾸
값	値段(ねだん)	네당
가격	価格(かかく)	카까꾸
할인	値引(ねび)き	네비끼
지불	支払(しはら)い	시하라이

●● words
● 힘이 되는 여행자 단어

7 교환·반품·환불

교환	交換(こうかん)	코-깡
반품	返品(へんぴん)	헴삥
환불	返金(へんきん)	헹낑
불량품	不良品(ふりょうひん)	후료-힝
고장	故障(こしょう)	코쇼-
품질	品質(ひんしつ)	힌시쯔
얼룩	シミ	시미
흠집	傷(きず)	키즈

Chapter 06

Restaurant

식당

- 여행 정보 – 식당
1. 식당 찾기
2. 예약하기
3. 주문하기(1) 레스토랑
4. 주문하기(2) 패스트푸드점
5. 주문하기(3) 커피숍·술집
6. 식사하기
7. 계산하기
8. 여러 가지 트러블
- 힘이 되는 여행자 단어

여행정보 식당

여행지에서 관광이나 쇼핑 등의 볼거리도 중요하고, 편안하게 피로를 풀 수 있는 잠자리도 중요하지만, 뭐니뭐니해도 가장 중요한 것이 먹거리일 것입니다. 일본에서도 우리 나라와 마찬가지로 쌀이 주식이므로, 밥과 반찬이 나오는 일본 요리를 선호합니다. 특히, 일본은 면 종류의 천국답게 값도 싸고 간단히 먹을 수 있는 라면·국수·우동 등의 면 종류가 많습니다.

1_ 일본인의 식사 습관

우리 나라와는 다른 일본인의 식사 습관에 대해 몇 가지 알아봅시다. 첫째, 일본인은 숟가락 없이 젓가락(箸 はし)으로만 식사를 합니다. 상을 차릴 경우에도 젓가락은 가로로 놓으며, 우리 나라에서 1회용으로 쓰는 나무 젓가락을 주로 씁니다.

둘째, 항상 밥그릇(茶碗ちゃわん)과 국그릇을 손에 들고 먹습니다. 우선, 밥그릇이나 국그릇은 왼손으로 들어야 하는데, 엄지손가락을 테두리 부분에 대고, 나머지 네 손가락은 가지런히 모아서 밑부분을 받칩니다. 우리 나라에서는 식사할 때 그릇을 손에 들고 먹으면

예절에 어긋나며 상스럽다는 말을 듣지만, 일본에서는 정반대로 그릇을 상 위에 내려놓고 먹으면 예의에 어긋난 행동이 됩니다.

셋째, 식사하는 자세에 대한 것입니다. 일본인과 함께 식사하는 경우에 절대로 해서는 안 되는 행동이 있습니다. 식사할 때, 한쪽 무릎을 세우고 먹어서는 안 되며, 식사 도중에 자신의 젓가락과 다른 사람의 젓가락이 서로 닿거나 부딪치면 안됩니다. 왜냐하면, 젓가락과 젓가락이 닿는 행동은 장례식에서 화장시킨 인골을 집을 때에만 하는 행동이기 때문입니다.

2_ 일본의 라면

라면의 원조국이라고 불리는 일본의 라면은 우리 나라의 라면과 크게 다릅니다. 우선, 우리 나라에서 말하는 라면은 인스턴트 라면을 가리키는데, 일본의 라면은 인스턴트 라면도 따로 판매하지만, 보통 밀가루 국수를 중국식으로 수타면을 만들어서 간장이나 된장으로 양념한 육수 국물에 말아서 먹는 것을 가리킵니다. 국물에 면을 넣은 후에는 그 위에 얇게 저민 돼지고기, 콩나물, 죽순 등을 고명처럼 올려서 먹습니다.

01 식당 찾기

❶ 이 근처에 맛있는 라면(우동·국수)집이 있습니까?

この 近くに おいしい ラーメン(うどん·そば)屋が ありますか。

코노 치까꾸니 오이시- 라-멩(우동·소바)야가 아리마스까

---

❷ 한국(중국)요리가 먹고 싶습니다.

韓国(中華)料理が 食べたいですが。

캉꼬꾸(츄-까)료-리가 타베따이데스가

---

❸ 여기에서 가장 가까운 패스트푸드점은 어디입니까?

ここから 一番 近い ファーストフード店は どこですか。

코꼬까라 이찌방 치까이 화-스또후-도뗑와 도꼬데스까

---

❹ 이 주변에 값싸고 맛있는 술집이 있다고 들었습니다.

この あたりに 安くて おいしい 居酒屋が あると 聞きましたが。

코노 아따리니 야스꾸떼 오이시- 이자까야가 아루또 키끼마시따가

---

❺ (가이드북을 보여 주면서) 이 커피숍은 어느 쪽입니까?

この コーヒーショップは どちらですか。

코노 코-히-숍뿌와 도찌라데스까

Restaurant

❻ 이 동네에서 초밥집은 여기뿐입니까?

この 町で 寿司屋は ここだけですか。

코노 마찌데 스시야와 코꼬다께데스까

❼ 추천하는 식당이 있으면 그 곳으로 하겠습니다.

おすすめの お店が あったら そこに します。

오스스메노 오미세가 앗따라 소꼬니 시마스

한국 음식점

일본에서는 다양한 국적의 음식을 맛볼 수 있습니다. 한국을 비롯하여 중국·베트남·이탈리아·프랑스 등의 요리를 어디에서든 손쉽게 먹을 수 있습니다. 특히, 한국 요리 중에는 키무치(キムチ)라고 불리는 '김치'가 제일 유명한데, 일본인들이 가장 좋아하는 한국 요리는 우리 나라의 '삽겹살 구이'에 해당하는 야끼니꾸(焼肉)입니다. 그러나, 일본에서는 한국음식점을 가도 반찬은 각각 따로 주문해야 먹을 수 있습니다. 우리나라에서처럼 기본 반찬은 나오지 않기 때문입니다.

02 예약하기

❶ 저 레스토랑(술집)은 예약이 필요합니까?

あの レストラン(居酒屋)は 予約が 必要ですか。

아노 레스또랑(이자까야)와 요야꾸가 히쯔요-데스까

❷ 전화로도 예약할 수 있습니까?

電話でも 予約できますか。

뎅와데모 요야꾸데끼마스까

❸ 금요일 밤에 예약하고 싶습니다.

金曜日の 夜、席を 予約したいんですが。

킹요-비노 요루, 세끼오 요야꾸시따인데스가

❹ 정말 죄송합니다만, 그 날은 이미 만석입니다.

申し訳ございませんが、その 日は もう 満席に なりました。

모-시와께고자이마셍가, 소노 히와 모- 만세끼니 나리마시따

❺ 예약은 오후 7시에 5명이 가는 것으로 해 주세요.

予約は 午後 7時に 5人で 行く ことに して ください。

요야꾸와 고고 시찌지니 고닌데 이꾸 코또니 시떼 쿠다사이

Restaurant

❻ 회식(환영회 · 송별회)이므로, 큰 방으로 준비해 주세요.

宴会(歓迎会 · 送別会)ですから 大きい 部屋で お願いします。

엥까이(캉게-까이 · 소-베쯔까이)데스까라 오-끼- 헤야데 오네가이시마스

❼ 가능하다면 흡연석(금연석)으로 해 주시겠습니까?

できれば 喫煙席(禁煙席)に して くださいますか。

데끼레바 키쯔엔세끼(킹엔세끼)니 시떼 쿠다사이마스까

여행 Tip

식당 예약

일본은 음식점 · 술집 · 호텔 · 영화관 · 온천 등 어느 곳에 가더라도 미리 예약을 해 두는 것이 습관화되어 있습니다. 예를 들면, 해외가 아닌 국내 여행을 떠날 경우에도 약 6개월 전부터 교통편과 숙소를 예약해 두는 것이 기본입니다. 예약 방법 역시 전화보다는 팩스 등을 이용해 문서로 보내는 것을 선호하므로 일본인의 철저한 사고방식을 알 수 있습니다.

03 주문하기(1) 레스토랑

❶ 안내해 드릴 때까지 잠시만 기다려 주십시오.

ご案内するまで 少々 お待ちくださいませ。

고안나이스루마데 쇼-쇼- 오마찌쿠다사이마세

❷ 저, 여기요. 메뉴 좀 보여 주세요.

あのう、すみません。メニューを 見せて ください。

아노-, 스미마셍. 메뉴-오 미세떼 쿠다사이

❸ 이것은 무슨 요리입니까?

これは どう いう 料理ですか。

코레와 도- 이우 료-리데스까

❹ 오늘의 추천 요리는 무엇입니까?

今日の おすすめは 何ですか。

쿄-노 오스스메와 난데스까

❺ 돈까스 정식과 메밀국수를 주세요.

とんかつ定食と ざるそばを お願いします。

통까쯔떼-쇼꾸또 자루소바오 오네가이시마스

Restaurant

❻ 저도 저것과 같은 것으로 주세요.

私も あれと 同じ 物に します。

와따시모 아레또 오나지 모노니 시마스

❼ 우선 물 한 잔 주시겠습니까?

とりあえず お水を 一杯 くださいませんか。

토리아에즈 오미즈오 입빠이 쿠다사이마셍까

식당 매너

우리 나라에서는 식당에 들어가서 마음대로 빈 자리를 찾은 후에 앉고 싶은 곳에 가서 먼저 자리를 잡은 후에 종업원을 부르는 경우가 많지만, 일본에서는 반드시 카운터에서 이름을 말한 뒤, 차례대로 줄을 서서 기다리다가 호명이 되면 종업원의 안내에 따라 자리를 배정받는 것이 매너입니다. 그렇다고 무조건 배정해 주는 자리에 앉을 의무는 없으므로, 창가쪽 자리든 구석 자리든 원하는 자리를 말하면 최대한 손님의 의견을 수렴하여 자리를 배정해 줍니다.

04 주문하기(2) 패스트푸드점

❶ 치즈버거(새우버거) 세트를 2개 주세요.

チーズバーガー(えびバーガー) セットを 2つ ください。

치-즈바-가-(에비바-가-) 셋또오 후따쯔 쿠다사이

---

❷ 여기서 드시겠습니까, 아니면 포장해 드릴까요?

こちらで 召し上がりますか、それとも お持ち帰りですか。

코찌라데 메시아가리마스까, 소레또모 오모찌까에리데스까

---

❸ 여기서 먹겠습니다. / 가지고 가겠습니다.

ここで 食べます。/ 持って 帰ります。

코꼬데 타베마스. / 못떼 카에리마스

---

❹ 음료수는 뭘로 하시겠습니까?

お飲み物は 何に なさいますか。

오노미모노와 나니니 나사이마스까

---

❺ 콜라(오렌지주스) M(L)으로 주세요.

コーラ(オレンジジュース)の エム(エル)に して ください。

코-라(오렌지쥬-스)노 에무(에루)니 시떼 쿠다사이

Restaurant

❻ 케첩을 많이 넣어 주실 수 있습니까?

ケチャップを たくさん 入(い)れて もらえますか。

케짭뿌오 탁쌍 이레떼 모라에마스까

❼ 프렌치프라이는 가장 작은 사이즈를 주세요.

フライポテトは 一番(いちばん) 小(ちい)さい サイズを ください。

후라이뽀떼또와 이찌방 치-사이 사이즈오 쿠다사이

패스트푸드점

패스트푸드점은 전세계적인 체인점으로 운영되므로 일본에서 볼 수 있는 패스트푸드점은 거의 대부분 우리 나라에도 있습니다. 특히, 일본인들은 외래어를 말하기 쉽게 짧게 줄이는 습관이 있어서, 패스트푸드점의 명칭 또한 줄임말을 즐겨 씁니다. 예를 들면, '맥도날드 マックドナルド(막꾸도나루도), KFC라고 부르는 '켄터키프라이드치킨'은 ケンタ(켄따)라고 합니다. 또한, 감자튀김이나 음료수의 사이즈도 S는 エス(에스), M은 エム(에무), L은 エル(에루)라고 합니다.

05 주문하기(3) 커피숍 · 술집

❶ 주문하시겠습니까?

ご注文は よろしいですか。

고쮸-몽와 요로시-데스까

❷ 잠시만 더 기다려 주시겠습니까?

もう 少し 待って いただけますか。

모- 스꼬시 맏떼 이따다께마스까

❸ 우선 맥주(물수건)부터 부탁합니다.

とりあえず ビール(おしぼり)から お願いします。

토리아에즈 비-루(오시보리)까라 오네가이시마스

❹ 나는 차가운(따뜻한) 아이스커피(홍차)로 하겠습니다.

私は 冷たい(温かい) アイスコーヒー(紅茶)に します。

와따시와 츠메따이(아따따까이) 아이스꼬-히-(코-쨔)니 시마스

❺ 술잔(글래스)을 3개 주세요.

おちょこ(グラス)を みっつ ください。

오쬬꼬(구라스)오 밑쯔 쿠다사이

Restaurant

❻ 자, 모두 건배(원샷)합시다.

さあ、みんな 乾杯(一気)しましょう。

사-, 민나 캄빠이(익끼)시마쇼-

❼ 안주는 닭꼬치(생선회)와 샐러드를 주세요.

おつまみは 焼鳥(刺身)と サラダを ください。

오쯔마미와 야끼또리(사시미)또 사라다오 쿠다사이

커피숍과 술집

우리 나라에서 말하는 '커피'는 일본어로 ホットコーヒー(홋또꼬-히-) 즉, hot coffee라고 합니다. 커피에 넣는 '프림'도 가루는 없고 대부분이 액상크림인 クリーム(쿠리-무)이며, '설탕'도 かくざとう(카꾸자또-)라는 각설탕을 씁니다. 일본의 대중 술집으로는 우리 나라의 '대폿집'과 비슷한 いざかや(이자까야)가 있는데, 이 곳에서도 자리에 앉으면 소량의 야채절임이 나오는데, 이것이 1인당 500엔 정도의 자릿세에 해당합니다. 또한, 우리 나라에서는 절대 첨잔을 하지 않지만, 일본에서는 술잔에 술을 채워 주지 않으면 그것이 예의에 어긋나는 행동이 됩니다.

06 식사하기

❶ 이 테이블에 소금(간장·설탕)이 없습니다.

この テーブルに 塩(醤油・砂糖)が ありませんが。

코노 테-부루니 시오(쇼-유·사또-)가 아리마셍가

❷ 이 요리 먹는 법을 가르쳐 주시겠습니까?

この 料理の 食べ方を 教えて もらえますか。

코노 료-리노 타베까따오 오시에떼 모라에마스까

❸ 이 수프에는 어떤 재료가 들어 있습니까?

この スープには どんな 材料が 入って いますか。

코노 스-뿌니와 돈나 자이료-가 하잇떼 이마스까

❹ 젓가락을 떨어뜨렸습니다. 새 것으로 바꿔 주세요.

箸を 落として しまいました。新しい のに 取り替えて ください。

하시오 오또시떼 시마이마시따. 아따라시- 노니 토리까에떼 쿠다사이

❺ 밥(된장국)도 한 그릇 더 먹을 수 있습니까?

ごはん(味噌汁)も おかわり できますか。

고항(미소시루)모 오까와리 데끼마스까

Restaurant

❻ 죄송합니다만, 이 접시 좀 치워 주시겠습니까?

すみませんが、この 皿(さら)を 下(さ)げて もらえますか。

스미마셍가, 코노 사라오 사게떼 모라에마스까

❼ 여기에서 담배를 피워도 될까요?

ここで タバコを 吸(す)っても いいでしょうか。

코꼬데 타바꼬오 슷떼모 이-데쇼-까

식사 예절

일본 식당에서 식사를 할 때에는 숟가락이 나오지 않기 때문에 젓가락으로만 먹어야 합니다. 가장 기본적인 식사 예절로는, 왼손에 밥그릇을 든 채로 오른손에 쥔 젓가락으로 밥을 먹습니다. 국도 왼손에 들고 마시는데, 건더기는 젓가락으로 집어서 먹습니다. 그릇을 드는 방법은 우선 네 손가락을 가지런히 모아서 그릇의 밑바닥에 댄 후, 엄지손가락은 그릇의 가장자리를 잡습니다. 이렇게 그릇을 손에 들고 먹는 식사 습관 때문에 일본의 그릇들은 가볍고 작습니다.

07 계산하기

❶ 계산(계산서)을 부탁합니다.

お勘定(計算書)を お願いします。

오깐죠-(케-산쇼)오 오네가이시마스

❷ 카운터는 어느 쪽에 있습니까?

カウンターは どちらに ありますか。

카운따-와 도찌라니 아리마스까

❸ 함께 계산해 드릴까요?

ご一緒で よろしいですか。

고잇쑈데 요로시-데스까

❹ 따로따로(함께) 계산하겠습니다.

別々(一緒)に 支払います。

베쯔베쯔(잇쇼)니 시하라이마스

❺ 내가 낼 몫은 얼마입니까?

私の 分は いくらに なりますか。

와따시노 붕와 이꾸라니 나리마스까

Restaurant

❻ 이것은 제가 한턱 내겠습니다.

これは 私(わたし)が おごります。

코레와 와따시가 오고리마스

❼ 계산서를 사람 수로 나눠 주시겠습니까?

計算書(けいさんしょ)を 人数(にんずう)に 分(わ)けて いただけますか。

케-산쇼오 닌즈-니 와께떼 이따다께마스까

계산하기

식사가 끝난 후 계산을 하려면 자리에서 손을 들어 종업원을 불러서 계산서를 받는 경우도 있지만, 자리를 정리하고 카운터로 가서 계산하는 경우도 있습니다. 일본은 기본적으로 각자 자기가 먹은 것에 대한 금액만 내거나, 다 함께 먹었을 경우에는 사람 수로 나눠서 정확하게 계산합니다. 이것을 영어로는 더치페이(Dutch pay)라고 하고, 일본어로는 와리깡(와리깡)이라고 합니다. 친한 친구끼리라도 서로 대신 내 주는 경우는 드물며, 심지어는 연인 사이에서도 '와리깡'은 존재합니다.

08 여러 가지 트러블

❶ 주문한 음식이 아직 나오지 않습니다만, 어느 정도 걸립니까?

注文した ものが まだ 出ませんが、どのくらい かかりますか。

츄-몬시따 모노가 마다 데마셍가, 도노꾸라이 카까리마스까

❷ 이 요리는 여기서 주문하지 않았습니다.

この 料理は こちらで 注文して いませんが。

코노 료-리와 코찌라데 츄-몬시떼 이마셍가

❸ 주문을 취소(캔슬)하고 싶습니다.

注文を 取り消したい(キャンセルしたい)ですが。

츄-몽오 토리께시따이(캰세루시따이)데스가

❹ 이 안에 뭔가 들어 있습니다.

この 中に 何か 入って います。

코노 나까니 나니까 하잇떼 이마스

❺ 테이블이(글래스가) 매우 더럽습니다.

テーブル(グラス)が とても 汚いです。

테-부루(구라스)가 토떼모 키따나이데스

Restaurant

❻ 새로운 것으로 바꿔 주시겠습니까?

新しい のに 取り替えて もらえますか。

아따라시- 노니 토리까에떼 모라에마스까

❼ 맛이 너무 달아요.(매워요. / 짜요. / 시어요.)

味が あまりにも 甘い(辛い/しょっぱい/酸っぱい)ですね。

아지가 아마리니모 아마이(카라이·숍빠이·슙빠이)데스네

트러블 처리

식사와 관련된 트러블에는 여러 가지가 있습니다. 주문한 음식이 시간이 지나도 나오지 않는 경우나 전혀 다른 음식이 나왔을 경우, 그리고 음식의 맛이 이상하거나 이물질이 눈에 띌 경우 등으로 그 종류는 많습니다. 이러한 경우에는 무작정 앉아서 기다리지 말고, 즉시 종업원을 호출하여 상황을 설명하고 재촉을 하거나 교환을 부탁하면 됩니다. 또한, 만드는 법이나 재료에 관한 기타 문의사항 역시 종업원을 불러서 물어보는 것도 하나의 공부가 될 수 있습니다.

● ● words
● 힘이 되는 여행자 단어

1 식당 찾기

한국요리	韓国料理(かんこくりょうり)	캉꼬꾸료―리
일본요리	日本料理(にほんりょうり)	니혼료―리
중화요리	中華料理(ちゅうかりょうり)	츄―까료―리
이탈리아요리	イタリア料理(りょうり)	이따리아료―리
프랑스요리	フランス料理(りょうり)	후란스료―리
일식	和食(わしょく)	와쇼꾸
양식	洋食(ようしょく)	요―쇼꾸
패밀리레스토랑	ファミリーレストラン	화미리―레스또랑
패스트푸드	ファーストフード	화―스또후―도
우동집	うどん屋(や)	우동야
국수집	そば屋(や)	소바야
초밥집	寿司屋(すしや)	스시야
회전초밥집	回転寿司屋(かいてんずしや)	카이뗀즈시야
뷔페	食(た)べ放題(ほうだい)	타베호―다이
입식 식당	立(た)ち食(ぐ)い	타찌구이

2 예약하기

테이블	テーブル	테-부루
자리	席(せき)	세끼
의자	椅子(いす)	이스
사람 수	人数(にんずう)	닌즈-
흡연석	喫煙席(きつえんせき)	키쯔엔세끼
금연석	禁煙席(きんえんせき)	킹엔세끼
예약석	予約席(よやくせき)	요야꾸세끼
단체석	団体席(だんたいせき)	단따이세끼
회식	宴会(えんかい)	엥까이
환영회	歓迎会(かんげいかい)	캉게-까이
송별회	送別会(そうべつかい)	소-베쯔까이
만석	満席(まんせき)	만세끼

3 주문하기(1) 레스토랑

메뉴	メニュー	메뉴-
물수건	おしぼり	오시보리
찬물	お水(みず)	오미즈

●●words
● 힘이 되는 여행자 단어

음료수	お飲(の)み物(もの)	오노미모노
정식	定食(ていしょく)	테-쇼꾸
반찬	漬物(つけもの)	츠께모노
국	吸(す)い物(もの)	스이모노
돈까스	とんかつ	통까쯔
카레라이스	カレーライス	카레-라이스
스파게티	スパゲッティ	스빠겟띠
피자	ピザ	피자
스키야키	すきやき	스끼야끼
샤부샤부	しゃぶしゃぶ	샤부샤부
소고기덮밥	牛丼(ぎゅうどん)	규-동
튀김우동	てんぷらうどん	템뿌라우동
메밀국수	ざるそば	자루소바
차	お茶(ちゃ)	오쨔
참치	まぐろ	마구로
새우	えび	에비

연어알	いくら	이꾸라
오징어	いか	이까
장어	あなご	아나고
고추냉이	わさび	와사비
식권	食券(しょっけん)	속껭
된장라면	味噌(みそ)ラーメン	미소라-멩
소금라면	塩(しお)ラーメン	시오라-멩
간장라면	醤油(しょうゆ)ラーメン	쇼-유라-멩
보통	なみ	나미
곱배기	大盛(おおも)り	오-모리

4 주문하기(2) 패스트푸드점

햄버거	ハンバーガー	함바-가-
치즈버거	チーズバーガー	치-즈바-가-
테리야키버거	てりやきバーガー	테리야끼바-가-
새우버거	えびバーガー	에비바-가-
치킨버거	チキンバーガー	치낀바-가-
핫도그	ホットドッグ	홋또독구
도넛	ドーナツ	도-나쯔

●● words
● 힘이 되는 여행자 단어

프렌치프라이	フライドポテト	후라이도뽀떼또
콜라	コーラ	코-라
케찹	ケチャップ	케짭뿌
빨대	ストロー	스또로-

5 주문하기(3) 커피숍 · 술집

커피	ホットコーヒー	홋또꼬-히-
아이스커피	アイスコーヒー	아이스꼬-히-
프림	クリーム	쿠리-무
설탕	砂糖(さとう)	사또-
홍차	紅茶(こうちゃ)	코-쨔
아이스티	アイスティー	아이스티-
레몬티	レモンティー	레몬티-
우유	牛乳(ぎゅうにゅう)	규-뉴-
코코아	ココア	코꼬아

파르페	パフェー	파훼ー
빙수	かき氷(ごおり)	카끼고ー리
팥빙수	あずき氷(ごおり)	아즈끼고ー리
딸기빙수	いちご氷(ごおり)	이찌고고ー리
술집	居酒屋(いざかや)	이자까야
일본술	日本酒(にほんしゅ)	니혼슈
소주	焼酎(しょうちゅう)	쇼ー쮸ー
맥주	ビール	비ー루
생맥주	生(なま)ビール	나마비ー루
탄산주	酎(ちゅう)ハイ	츄ー하이
와인	ワイン	와잉
위스키	ウイスキー	우이스끼ー
재떨이	灰皿(はいざら)	하이자라
안주	おつまみ	오쯔마미
닭꼬치	焼(や)き鳥(とり)	야끼또리
술잔	おちょこ	오쪼꼬
건배	乾杯(かんぱい)	캄빠이

●● words
● 힘이 되는 여행자 단어

6 식사하기

소금	塩(しお)	시오
간장	醤油(しょうゆ)	쇼-유
후추	こしょう	코쇼-
설탕	砂糖(さとう)	사또-
냅킨	ナプキン	나뿌낑
나이프	ナイフ	나이후
포크	フォーク	훠-꾸
젓가락	箸(はし)	하시
스푼	スプーン	스뿌-운
그릇	茶碗(ちゃわん)	챠왕
접시	お皿(さら)	오사라
개인접시	取(と)り皿(ざら)	토리자라
먹는 법	食(た)べ方(かた)	타베까빠
마시는 법	飲(の)み方(かた)	노미까따

재료	材料（ざいりょう）	자이료-
생선	魚（さかな）	사까나
고기	肉（にく）	니꾸
돼지고기	豚肉（ぶたにく）	부따니꾸
소고기	牛肉（ぎゅうにく）	규-니꾸
디저트	デザート	데자-또
추가	おかわり	오까와리

7 계산하기

계산	お勘定（かんじょう）	오깐죠-
봉사료	サービス料（りょう）	사-비스료-
자릿세	席代（せきだい）	세끼다이
각자 계산하기	割勘（わりかん）	와리깡
한턱 내다	おごる	오고루

●● words
● 힘이 되는 여행자 단어

8 여러 가지 트러블

맛	味(あじ)	아지
맛있다	おいしい	오이시ー
맛없다	まずい	마즈이
달다	甘(あま)い	아마이
맵다	辛(から)い	카라이
짜다	しょっぱい	숩빠이
시다	酸(す)っぱい	숩빠이
데우다	温(あたた)める	아따따메루
차갑게 하다	冷(ひ)やす	히야스
더럽다	汚(きたな)い	키따나이

Chapter 07

Sightseeing

관광

- 여행 정보 – 관광
1. 관광안내 받기
2. 관광하기
3. 관람하기
4. 사진 찍기
- 힘이 되는 여행자 단어

여행 정보 — 관광

여행 기간에 따라 관광 코스도 달라지지만, 일본에 가면 제일 먼저 수도인 도쿄(東京)에 가는 경우가 많습니다. 도쿄의 첫 느낌은 간판이 일본어로 되어 있다는 것 외엔 서울의 풍경과 크게 다른 것이 없습니다. 반면, 도쿄보다 남쪽에 있는 나라(奈良)·오사카(大阪)·쿄토(京都)에 가면 일본의 전통과 문화를 거리 곳곳에서 느낄 수 있습니다. 특히, 일본하면 떠오르는 온천 관광지로는 아타미(熱海)·하코네(箱根)·벳부(別府) 등이 유명합니다. 이 밖에도, 일본 본토와는 전혀 다른 느낌의 섬으로, 남쪽에는 이국적인 냄새가 가득한 오키나와(沖繩)가 있고, 북쪽에는 눈축제로 유명한 홋카이도(北海道)가 있습니다. 다음은 일본의 주요 관광지에 대해 간략하게 소개한 것입니다.

1. 도쿄

도쿄(東京)는 일본의 수도이며 세계적인 대도시의 하나이기도 합니다. 정치·경제·교육·문화 등을 대표하면서 세계 경제의 중심지로도 인정받는 도시입니다.

2_ 요코하마

요코하마(横浜)는 미래의 항구 도시로 선정되어 날이 갈수록 그 가치가 올라가는 도시입니다. 주변에 바다가 있고 공원이 많아서 살기 좋은 도시란 이미지가 높습니다.

3_ 오사카

오사카(大阪)는 도쿄 다음으로 손꼽는 일본 제2의 수도로, 오래 전부터 상업의 도시로 유명합니다. 이 곳은 다른 곳에 비해 문화 유적이 많지는 않지만, 상업의 도시란 타이틀에 걸맞게 국제공항이 들어서게 되어 한 걸음 더 발전할 수 있는 계기가 되었습니다.

4_ 교토

쿄토(京都)는 과거 몇 세기에 걸쳐서 일본의 경제를 이끌어 온 도시로, 지금도 큰 경제력을 갖고 있습니다. 경제력 외에도 이 곳은 일본 문화·예술의 중심지로도 매우 유명합니다. 일본의 국보와 중요 문화재의 약 20%가 바로 이 곳에 있기 때문입니다.

01 관광안내 받기

❶ 관광안내소를 찾고 있습니다만, 어디입니까?

観光案内所を 探して いますが、どこですか。

캉꼬-안나이죠오 사가시떼 이마스가, 도꼬데스까

❷ 도쿄 시내를 관광하고 싶습니다.

東京の 市内を 観光したいですが、

토-꾜-노 시나이오 캉꼬-시따이데스가

❸ 하토버스 시각표(매표소)는 어디에 있습니까?

はとバスの 時刻表(チケット売り場)は どこに ありますか。

하또바스노 지꼬꾸효-(치껫또우리바)와 도꼬니 아리마스까

❹ 가이드북(팜플렛·관광지도)이 필요합니다.

ガイドブック(パンフレット·観光地図)が ほしいです。

가이도북구(팡후렛또·캉꼬-치즈)가 호시-데스

❺ 이 투어를 가고 싶습니다만, 어디에서 신청하면 됩니까?

この ツアーに 行きたいですが、どこで 申し込めば いいですか。

코노 츠아-니 이끼따이데스가, 도꼬데 모-시꼬메바 이-데스까

Sightseeing

❻ 당일치기(반나절 · 야간) 투어도 있습니까?

日帰り（半日・ナイト）ツアーも ありますか。

히가에리(한니찌 · 나이또)쯔아-모 아리마스까

❼ 가이드도 함께 갑니까?

ガイドさんも 付いて いますか。

가이도삼모 츠이떼 이마스까

관광안내소

관광을 시작하려면 제일 먼저 관광안내소를 찾아가면 됩니다. 보통 시내의 중심부에 있으며, 다양한 종류의 볼거리를 소개한 관광 가이드북과 알아 두면 편리한 교통편 등의 팜플렛이 비치되어 있으므로, 마음에 드는 곳을 선택하여 관광을 떠나면 됩니다. 특히, 도쿄 시내를 구경하려면 하토바스(はとバス)라는 시내관광용 순환버스를 타면 편리합니다. 버스에 앉은 채로 시내 중심지를 구경할 수 있고, 가이드가 안내도 해 주기 때문에 힘들게 여기저기 헤매고 다니지 않아도 됩니다.

02 관광하기

① 몇 시에 도착할 예정입니까?

何時に 到着する 予定ですか。

난지니 토-쨔꾸스루 요떼-데스까

② 어른(학생)의 입장료는 얼마입니까?

大人(学生)の 入場料は いくらですか。

오또나(각쎄-)노 뉴-죠-료-와 이꾸라데스까

③ 자유 시간(식사 시간)은 언제입니까?

自由時間(食事時間)は いつですか。

지유-지깡(쇼꾸지지깡)와 이쯔데스까

④ 물품 보관함(화장실)은 어디에 있습니까?

コインロッカー(トイレ)は どこに ありますか。

코인록까-(토이레)와 도꼬니 아리마스까

⑤ 기념품(그림엽서·열쇠고리)은 어디에서 살 수 있습니까?

お土産(絵はがき・キーホルダー)は どこで 買えますか。

오미야게(에하가끼·키-호루다-)와 도꼬데 카에마스까

Sightseeing

❻ 저 건물은 무엇입니까?

あの 建物は 何ですか。

아노 타떼모노와 난데스까

❼ 여기에서 가장 인기 있는 기념품은 무엇입니까?

ここで 一番 人気の ある お土産は 何ですか。

코꼬데 이찌방 닝끼노 아루 오미야게와 난데스까

관광지에서

관광지에 도착하면, 가이드의 안내를 따라서 질서 있게 행동해야 합니다. 혼자서 다른 곳으로 먼저 이동한다거나 개인 행동을 하다가 가이드를 놓치는 경우가 생기기 때문입니다. 특히, 절이나 신사(神社) 등은 신성한 장소이므로 정숙한 복장을 하고 가는 것이 좋으며, 소란스럽게 떠들지 않도록 주의합니다. 또한, 입장료는 보통 500엔~800엔 정도이므로 미리 동전을 준비해 두는 것도 좋습니다.

03 관람하기

❶ 이 박물관에 가 보고 싶습니다만, 어떻습니까?

この 博物館に 行って みたいですが、どうですか。

코노 하꾸부쯔깐니 잇떼 미따이데스가, 도-데스까

---

❷ 티켓은 어디에서 팝니까?

チケットは どこで 売って いますか。

치껫또와 도꼬데 웃떼 이마스까

---

❸ 어른(학생・아이) 2장 주세요.

大人(学生・子供) 2枚 ください。

오또나(각쎄-・코도모) 니마이 쿠다사이

---

❹ 가장 싼(비싼) 자리는 얼마입니까?

一番 安い(高い) 席は いくらですか。

이찌방 야스이(타까이) 세끼와 이꾸라데스까

---

❺ 입장료는 무료(유료)입니까?

入場料は 無料(有料)ですか。

뉴-죠-료-와 무료-(유-료-)데스까

Sightseeing

❻ 가부키(스모)를 보고 싶습니다만, 예약해야 합니까?
歌舞伎(相撲)が 見たいですが、予約が 必要ですか。

카부끼(스모-)가 미따이데스가, 요야꾸가 히쯔요-데스까

❼ 입구(출구)는 어느 쪽에 있습니까?
入口(出口)は どちらに ありますか。

이리구찌(데구찌)와 도찌라니 아리마스까

관광 명소

일본에 가면 유명 관광지 외에도 일본의 전통 연극인 가부키(歌舞伎)를 비롯하여, 우리 나라의 씨름과 같은 스모(相撲)도 직접 보러 가면 좋습니다. 특히, 일본에는 지진(地震) 박물관·스모(相撲) 박물관·에도(江戸) 박물관 등 다양한 테마로 구성된 박물관이 많으므로 관람하러 가면 재미있습니다. 이 중에서, 가부키(歌舞伎)와 스모(相撲)는 미리 예약을 해 두지 않으면 볼 수가 없습니다.

04 사진 찍기

❶ 1회용 카메라가 필요합니다만, 어디에서 살 수 있습니까?

使い捨てカメラが ほしいですが、どこで 買えますか。

츠까이스떼카메라가 호시-데스가, 도꼬데 카에마스까

❷ 칼라(흑백·24장짜리) 필름을 1통 주세요.

カラー(白黒・24枚撮り)の フィルムを 1箱 ください。

카라-(시로꾸로·니쥬-욤마이도리)노 휘루무오 히또하꼬 쿠다사이

❸ 여기에서 사진을 찍어도 됩니까?

ここで 写真を 撮っても いいですか。

코꼬데 샤싱오 톳떼모 이-데스까

❹ 죄송합니다만, 사진 좀 찍어 주실 수 있습니까?

すみませんが、写真を 撮って くださいませんか。

스미마셍가, 샤싱오 톳떼 쿠다사이마셍까

❺ 카메라 오른쪽에 있는 셔터를 누르면 찍힙니다.

カメラの 右に ある シャッターを 押せば 撮れます。

카메라노 미기니 아루 샷따-오 오세바 토레마스

Sightseeing

❻ 이 필름의 현상(인하) 좀 부탁합니다.

この フィルムの 現像(焼き増し)を お願いします。

코노 휘루무노 젠조-(야끼마시)오 오네가이시마스

❼ 사진 완성까지는 어느 정도 걸립니까?

仕上がりまでは どのくらい かかりますか。

시아가리마데와 도노꾸라이 카까리마스까

여행 Tip

사진 촬영

여행을 떠날 때 가장 먼저 챙기는 것이 바로 카메라입니다. 요즘은 필름이 필요없는 디지털카메라나 카메라 기능이 있는 핸드폰을 가진 사람이 많기 때문에 손쉽게 사진을 찍을 수 있습니다. 그러나, 미술관이나 박물관 내에서는 사진 촬영이 금지된 곳이 있으므로 미리 안내 표지판을 잘 보고 실수하지 않도록 주의해야 합니다. 타인에게 사진 촬영을 부탁할 경우에도 정중하게 부탁하여 허락을 받도록 합니다.

words

힘이 되는 여행자 단어

1 관광안내 받기

코스	コース	코-스
관광버스	観光(かんこう)バス	캉꼬-바스
관광지도	観光地図(かんこうちず)	캉꼬-치즈
일정	日程(にってい)	닛떼-
출발	出発(しゅっぱつ)	슙빠쯔
도착	到着(とうちゃく)	토-쨔꾸
정오	正午(しょうご)	쇼-고

2 관광하기

매표소	チケット売(う)り場(ば)	치껫또우리바
할인	割引(わりびき)	와리비끼
엘리베이터	エレベーター	에레베-따-
에스컬레이터	エスカレーター	에스까레-따-
출입금지	立入禁止(たちいりきんし)	타찌이리킨시

촬영금지	撮影禁止(さつえいきんし)	사쯔에—킨시
비상구	非常口(ひじょうぐち)	히죠—구찌
당기시오	引(ひ)く	히꾸
미시오	押(お)す	오스

3 관람하기

미술관	美術館(びじゅつかん)	비쥬쯔깡
박물관	博物館(はくぶつかん)	하꾸부쯔깡
영화관	映画館(えいがかん)	에—가깡
전시관	展示館(てんじかん)	텐지깡
절	お寺(てら)	오떼라
신사	神社(じんじゃ)	진쟈
공원	公園(こうえん)	코—엥
연극	芝居(しばい)	시바이
콘서트	コンサート	콘사—또
클래식	クラシック	쿠라식꾸
뮤지컬	ミュージカル	뮤—지까루
오페라	オペラ	오뻬라

●● words
● 힘이 되는 여행자 단어

4 사진 찍기

디지털카메라	デジカメ	데지까메
전지	電池(でんち)	덴찌
현상	現像(げんぞう)	겐조-
인화	焼(や)き増(ま)し	야끼마시
확대	拡大(かくだい)	카꾸다이
플래시	フラッシュ	후랏쓔

Chapter 08

Emergency

긴급 상황

- ● 여행 정보 – 긴급 상황
  1. 난처할 때
  2. 언어 문제
  3. 약국 가기
  4. 병원 가기
  5. 분실 · 도난
  6. 사고 · 상해
- ● 힘이 되는 여행자 단어

> **여행 정보** 긴급 상황

낯선 여행지에서는 예상치 못한 여러 가지 돌발 상황이 일어날 수 있습니다. 우선 말이 안 통해서 생기는 트러블이 가장 많지만, 이 밖에도 갑자기 몸이 아픈 경우, 도난·분실·사고 등이 생기는 경우도 많습니다. 이렇게 위급하고 난처한 상황이 발생되면 당황하지 말고 미리 유용하게 쓸 수 있는 표현을 몇 가지 외워 두는 것이 좋습니다. 또한, 분실이나 도난 등의 사고를 당한 경우에는 즉시 경찰에 먼저 연락하여 도움을 받는 것이 가장 현명한 방법입니다.

1_ 항공권을 분실했을 경우

여행 중에 항공권을 분실했다면 즉시 여권을 가지고 현지의 해당 항공사 사무실로 찾아가서 신고를 해야 합니다. 이 때 항공권을 언제 어디서 얼마에 구입했는지를 질문하므로 티켓을 구입한 여행사 이름, 전화번호, 발급일자 등을 복사하거나 기록해 두는 것이 좋습니다. 재발급 소요 시간은 지역과 항공사마다 다르나 대략 1주일 정도 소요됩니다.

그리고 현지에서 항공권을 새로 구입하는 방법도 있으며, 귀국 후에 분실 항공권에 대한 발급확인서를 받고 새로 구입한 항공권의 승객용 티켓과 신분증을 가지고 해당 항공사에 가면 환불 받을 수 있습니다.

2_ 여권을 분실했을 경우

여권은 여행 중에 자신을 증명할 수 있는 유일한 신분증명서입니다. 따라서 여권을 분실하면 국경을 통과할 수가 없게 되므로 다음 여행을 할 수가 없습니다. 일단 여권을 분실하면 먼저 한국 대사관이나 영사관에 가서 신고를 하여 임시 여권을 발급받아야 합니다. 이 때 필요한 것이 여권용 사진과 여권 번호이므로 만일의 경우를 대비해서 사진과 여권 복사본을 따로 보관하는 것이 좋습니다. 하지만 여권을 재발급 받는 데에는 시간이 많이 소요되며 불편이 많기 때문에 분실하지 않도록 각별히 주의해야 합니다.

3_ 신용카드를 분실했을 경우

신용카드를 분실하는 경우는 카드 회사에 분실 신고를 해야 합니다. 신고는 잃어버린 즉시 하여 불법으로 카드가 사용되는 것을 방지하는 것이 좋습니다.

4_ 여행자수표를 분실했을 경우

여행자수표를 분실했다면 먼저 경찰서에 가서 분실 신고를 하고, 분실증명서를 받아야 합니다. 보통 분실 경위, 장소, 수표 번호 등을 정확히 신고하고 나서 희망 지역의 은행 또는 수표 발행처에서 재발급 받을 수 있습니다.

5_ 현금을 분실했을 경우

여행 중에 현금을 모두 분실했다면 집으로 전화를 해서 우리 나라 은행이나 그 나라에서 가장 점포가 많은 은행으로 송금을 부탁하면 됩니다. 돈을 찾을 때에는 여권 번호만 있으면 가능하고 만약 일어 회화에 자신이 없다면, 현지의 우리 나라 은행을 고르는 것이 편리합니다.

6_ 몸이 아플 경우

여행 중에 가벼운 감기나 두통, 설사 등은 약국을 이용하면 됩니다. 그러나 병이 났거나 외상이 심한 경우에는 묵고 있는 호텔에 말하여 병원을 찾아가는 것이 좋습니다. 만약 여행자 보험에 가입했다면 의사 소견서 및 치료 영수증을 꼭 받아야 귀국 후에 보험 처리를 할 수 있습니다.

01 난처할 때

❶ 누가 좀 도와 주세요.

誰か 助けて ください。

다레까 타스께떼 쿠다사이

❷ 더 이상 가까이 오지 마세요.

これ以上 近づかないで ください。

코레이죠- 치까즈까나이데 쿠다사이

❸ 지금 매우 난처합니다만, 어떻게 하면 좋을까요?

今 とても 困って いますが、どうしたら いいでしょうか。

이마 토떼모 코맏떼 이마스가, 도-시따라 이-데쇼-까

❹ 어떻게든 해 주실 수 없습니까?

何とかして くださいませんか。

난또까시떼 쿠다사이마셍까

❺ 이제 그만하세요. 경찰을 부르겠습니다.

もう やめて ください。警察を 呼びます。

모- 야메떼 쿠다사이. 케-사쯔오 요비마스

Emergency

❻ 뭔가 좋은 방법이 없을까요?

何か いい 方法は ないでしょうか。

나니까 이- 호-호-와 나이데쇼-까

❼ 잠깐만요, 지금 뭐 하는 겁니까?

ちょっと、今 何してるんですか。

쵸또, 이마 나니시떼룬데스까

위급 상황

일본은 치안이 확실한 나라로 유명합니다. 주택가의 후미진 골목길에도 가로등 설치가 잘 되어 있어서 밤길에 혼자 다녀도 전혀 문제없다고 합니다. 그러나, 갑자기 생각지도 못한 난처한 상황이나 위급한 사태에 부딪히게 되면 크게 당황하므로 우리말로 한다고 해도 입이 안 떨어지게 됩니다. 이렇게 난처하고 위급한 상황의 발생에 대비하여 유용하게 쓸 수 있는 표현을 알아 두는 것도 요령입니다.

02 언어 문제

❶ 나는 일본어를 못합니다.

私は 日本語が 話せません。

와따시와 니홍고가 하나세마셍

❷ 일본어는 조금 할 수 있습니다.

日本語は 少し できます。

니홍고와 스꼬시 데끼마스

❸ 아직 일본어가 서툽니다.

まだ 日本語が 下手です。

마다 니홍고가 헤따데스

❹ 그건 무슨 뜻입니까?

それは どう いう 意味ですか。

소레와 도- 이우 이미데스까

❺ 무슨 말을 하는지 전혀 모르겠습니다.

何を 言って いるのか 全然 分かりません。

나니오 잇떼 이루노까 젠젱 와까리마셍

Emergency

❻ 좀 더 천천히 말해 주시겠습니까?

もう ちょっと ゆっくり 話(はな)して もらえますか。

모- 쵸또 육꾸리 하나시떼 모라에마스까

❼ 죄송합니다만, 한 번 더 말씀해 주세요.

すみませんが、もう 一回(いっかい) おっしゃって ください。

스미마셍가, 모- 익까이 옷샷떼 쿠다사이

의사 소통

해외여행을 갔을 때 가장 힘든 것이 바로 의사 소통입니다. 특히, 일본어는 말하는 속도가 빠르기 때문에 일본어로 자기 생각을 표현할 수 있어도 상대방이 하는 말을 제대로 알아듣는다는 것은 무척 어렵습니다. 이런 경우에는 혼자 지레 짐작하여 생각하지 말고, 상대방에게 잘 못 알아듣겠다고 솔직하게 말하거나 천천히 말해 달라고 부탁하는 것이 현명합니다.

03 약국 가기

❶ 갑자기 머리(배)가 아픕니다.

急に 頭(お腹)が 痛いです。

큐-니 아따마(오나까)가 이따이데스

---

❷ 두통(찰과상)에 잘 듣는 약(연고) 좀 주세요.

頭痛(擦り傷)に よく 効く 薬(軟膏)を ください。

즈쯔-(스리끼즈)니 요꾸 키꾸 쿠스리(낭꼬-)오 쿠다사이

---

❸ 설사가(기침이) 멈추지 않아서 괴롭습니다.

下痢(せき)が 止まらなくて 苦しいです。

게리(세끼)가 토마라나꾸떼 쿠루시-데스

---

❹ 이 처방전대로 약 좀 주세요.

この 処方せんの 薬を ください。

코노 쇼호-센노 쿠스리오 쿠다사이

---

❺ 이 가루약(알약)만 먹으면 됩니까?

この 粉薬(錠剤)だけ 飲めば いいですか。

코노 코나구스리(죠-자이)다께 노메바 이-데스까

Emergency

❻ 어깨 결림이 심합니다만, 파스를 붙이면 좋아집니까?

肩凝りが ひどいですが、湿布を 貼ったら よく なりますか。

카따꼬리가 히도이데스가, 십뿌오 핫따라 요꾸 나리마스까

❼ 이 약은 하루 3번, 식후에 드세요.

この 薬は 1日 3回、食後に 飲んで ください。

코노 쿠스리와 이찌니찌 상까이, 쇼꾸고니 논데 쿠다사이

약국

일본의 약국은 やっきょく(약꾜꾸)라고도 하고 くすりや(쿠스리야)라고도 하는데, 우리 나라의 약국과는 스타일이 많이 다릅니다. 외국의 drugstore와 같이 약만 취급하는 것이 아니라 화장품이나 염색약 등 생활잡화도 함께 취급합니다. 또한, 일본도 우리 나라처럼 의약분업이 되어 있기 때문에 병원 진료 후에 받은 처방전 없이는 구입할 수 없는 약이 많습니다. 그러므로, 미리 한국에서 상비약을 준비해 오는 것이 좋습니다.

04 병원 가기

① 빨리 의사(구급차) 좀 불러 주세요.

速く お医者さん(救急車)を 呼んで ください。

하야꾸 오이샤상(큐-뀨-샤)오 욘데 쿠다사이

② 한국어를 할 수 있는 의사는 없습니까?

韓国語の できる お医者さんは いませんか。

캉꼬꾸고노 데끼루 오이샤상와 이마셍까

③ 죄송합니다만, 병원까지 데려 가 주실 수 있습니까?

すみませんが、病院まで 連れて いって もらえますか。

스미마셍가, 뵤-임마데 츠레떼 잇떼 모라에마스까

④ 어제부터 현기증(오한)이 납니다만, 왜 그런 겁니까?

昨日から めまい(寒気)が しますが、どうしてでしょうか。

키노-까라 메마이(사무께)가 시마스가, 도-시떼데쇼-까

⑤ 아침부터 열이 있었습니다만, 지금도 전혀 내려가지 않습니다.

朝から 熱が ありましたが、今も 全然 下がりません。

아사까라 네쯔가 아리마시따가, 이마모 젠젱 사가리마셍

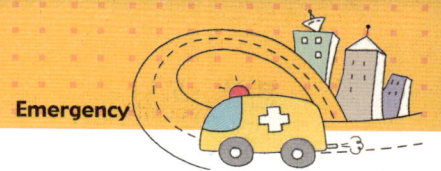

Emergency

❻ 증상으로 보면 감기에 걸린 것 같습니다.

症状から みると 風邪を ひいた ようです。

쇼-죠-까라 미루또 카제오 히-따 요-데스

❼ 약은 병원 옆(앞)의 약국을 이용해 주세요.

薬は 病院の 隣(前)の 薬屋を 利用して ください。

쿠스리와 뵤-인노 토나리(마에)노 쿠스리야오 리요-시떼 쿠다사이

병원

만일 숙소에서 몸이 아픈 경우는 프런트에 연락하여 의사를 소개받을 수 있지만, 외부에서 아픈 경우는 병원을 찾아가거나 심한 경우에는 구급차를 불러야 합니다. 공항이나 역에서 아픈 경우는 여행자 구호소를 찾아가면 됩니다. 이러한 위급 상황에 대비하여 한국에서 미리 해외여행 상해보험에 가입해 두는 것도 좋은 방법입니다. 그리고, 병원 진료비와 처방약 영수증은 보험금 청구에 필요하므로 잘 챙겨 두어야 합니다.

05 분실・도난

❶ 백화점에서 여권을 도난당했습니다.

デパートで パスポートを 盗まれました。

데빠-또데 파스뽀-또오 누스마레마시따

❷ 버스에서 내릴 때 지갑을 두고 내렸습니다.

バスから 降りる とき 財布を 置き忘れました。

바스까라 오리루 토끼 사이후오 오끼와스레마시따

❸ 어젯밤 내 방에 도둑이(강도가) 들어왔습니다.

昨夜、 私の 部屋に 泥棒(強盗)が 入りました。

사꾸야, 와따시노 헤야니 도로보-(고-또-)가 하이리마시따

❹ 길에서 가방을 소매치기(갈취)당했습니다.

道で バッグを すられ(取られ)ました。

미찌데 박구오 스라레(토라레)마시따

❺ 죄송합니다만, 저 대신에 경찰에 신고해 주시겠습니까?

すみませんが、 私の 代わりに 警察へ 届けて もらえますか。

스미마셍가, 와따시노 카와리니 케-사쯔에 토도께떼 모라에마스까

Emergency

❻ 어디에서 잃어버렸는지 전혀 기억이 나지 않습니다.

どこで なくしたのか 全然 覚えて いません。

도꼬데 나꾸시따노까 젠젱 오보에떼 이마셍

❼ 방에 있던 물건이 없는 경우는 누구에게 알립니까?

部屋に あった 物が ない 場合は 誰に 知らせますか。

헤야니 앗따 모노가 나이 바아이와 다레니 시라세마스까

트러블 처리

분실이나 도난을 당하는 일이 절대로 일어나서는 안되지만, 만일의 경우에 대비하여 여권 번호와 발행 연월일·항공권의 발급번호는 따로 메모해 두는 것이 좋습니다. 여권을 재발급 받으려면 적어도 2주일 정도가 걸리므로 분실했을 경우에는 문제가 커집니다. 항공권도 재발급을 받으려면 별도로 재발급 비용을 지불해야 하며 시간도 오래 걸립니다. 그리고, 현금이나 귀중품을 잃어버리게 되면 대부분 찾을 수가 없으므로, 숙소의 대여 금고를 이용하는 것이 안전합니다.

06 사고 · 상해

❶ 큰일났습니다. 교통사고를 당했습니다.
大変です。交通事故に あいました。

타이헨데스. 코-쯔-지꼬니 아이마시따

❷ 친구가 자동차에 치였습니다.
友達が 車に はねられました。

토모다찌가 쿠루마니 하네라레마시따

❸ 계단에서 굴러서 발목을 삐었습니다.
階段で 転んで 足首を 捻挫しました。

카이단데 코론데 아시꾸비오 넨자시마시따

❹ 다친 사람이 있으니, 구급차부터 불러 주시겠습니까?
けが人が いますから、救急車から 呼んで もらえますか。

케가닝가 이마스까라. 큐-뀨-샤까라 욘데 모라에마스까

❺ 제가 교차로에서 사고를 냈습니다.
私が 交差点で 事故を 起こしました。

와따시가 코-사뗀데 지꼬오 오꼬시마시따

Emergency

❻ 제 차는 보험에 들어 있습니까?

あの 車は 保険に かかって いますか。
くるま　ほけん

아노 쿠루마와 호껜니 카깟떼 이마스까

❼ 신호(제한속도)를 무시한 채 달렸습니다.

信号(制限速度)を 無視したまま 走りました。
しんごう　せいげんそくど　　むし　　　　　はし

싱고-(세-겐소꾸도)오 무시시따마마 하시리마시따

사고 처리

여행지에서는 숙소에만 있는 것이 아니라 관광도 하고 쇼핑도 하는 등 여기 저기 돌아다니는 것이 목적이기 때문에 사고 날 위험이 큽니다. 교통사고를 당해서 다치거나 반대로 교통사고를 낸 경우 등의 비상 사태가 발생하면, 제일 먼저 경찰에게 연락하는 것이 가장 좋은 방법입니다. 일본 경찰에게 도움을 요청하는 방법은, 공중전화기에 있는 붉은 버튼을 누른 후 110번을 누르면 됩니다. 화재가 났거나 구급차를 호출하는 경우는 붉은 버튼을 누른 후 119번을 누르면 됩니다.

●● words
● 힘이 되는 여행자 단어

1 난처할 때

화장실	トイレ	토이레
휴지	トイレットペーパー	토이렛또뻬―빠―
전화	電話(でんわ)	뎅와
은행	銀行(ぎんこう)	깅꼬―
지갑	財布(さいふ)	사이후
가방	かばん	카방
백	バッグ	박구
돈	お金(かね)	오까네

2 언어 문제

언어	言語(げんご)	겡고
말, 단어	言葉(ことば)	코또바
한국어	韓国語(かんこくご)	캉꼬꾸고
일본어	日本語(にほんご)	니홍고

중국어	中国語（ちゅうごくご）	츄-고꾸고
영어	英語（えいご）	에-고
회화	会話（かいわ）	카이와
청해	聞取（ききとり）	키끼또리
독해	読取（よみとり）	요미또리
커뮤니케이션	コミュニケーション	코뮤니께-숑

3 약국 가기

위장약	胃腸薬（いちょうやく）	이쬬-야꾸
소독약	消毒薬（しょうどくやく）	쇼-도꾸야꾸
감기약	風邪薬（かぜぐすり）	카제구스리
소화제	消化剤（しょうかざい）	쇼-까자이
진통제	鎮痛剤（ちんつうざい）	친쯔-자이
해열제	解熱剤（げねつざい）	게네쯔자이
숙취해소	酔（よ）い止（ど）め	요이도메
지사제	下痢止（げりど）め	게리도메
조제	調剤（ちょうざい）	쵸-자이
가루약	粉薬（こなぐすり）	코나구스리
물약	水薬（みずぐすり）	미즈구스리

● ● words
● 힘이 되는 여행자 단어

알약	錠剤(じょうざい)	죠-자이
파스	湿布(しっぷ)	십뿌
연고	軟膏(なんこう)	낭꼬-
반창고	絆創膏(ばんそうこう)	반소-꼬-

4 병원 가기

의사	お医者(いしゃ)さん	오이샤상
간호사	看護婦(かんごふ)さん	캉고후상
진찰실	診察室(しんさつしつ)	신사쯔시쯔
진찰과목	診察科目(しんさつかもく)	신사쯔카모꾸
청진기	聴診器(ちょうしんき)	쵸-싱끼
처방전	処方(しょほう)せん	쇼호-셍
수술	手術(しゅじゅつ)	슈쥬쯔
주사	注射(ちゅうしゃ)	츄-샤
두통	頭痛(ずつう)	즈쯔-

복통	腹痛(ふくつう)	후꾸쯔-
요통	腰痛(ようつう)	요-쯔-
위통	胃痛(いつう)	이쯔-
소화불량	消化不良(しょうかふりょう)	쇼-까후료-

5 분실·도난

도난	盗難(とうなん)	토-낭
분실	紛失(ふんしつ)	훈시쯔
분실물	忘(わす)れ物(もの)	와스레모노
날치기	ひったくり	힛따꾸리
소매치기	すり	스리
도둑	泥棒(どろぼう)	도로보-
강도	強盗(ごうとう)	고-또-
경찰서	警察署(けいさつしょ)	케-사쯔쇼
파출소	交番(こうばん)	코-방
신고	申告(しんこく)	싱꼬꾸
신고서	届(とど)け	토도께

●● words
● 힘이 되는 여행자 단어

6 사고 · 상해

교통사고	交通事故(こうつうじこ)	코-쯔-지꼬
도로표지판	道路標識(どうろひょうしき)	도-로효-시끼
횡단보도	横断歩道(おうだんほどう)	오-단호도-
위반	違反(いはん)	이항
피의자	被疑者(ひぎしゃ)	히기샤
피해자	被害者(ひがいしゃ)	히가이샤
화재	火事(かじ)	카지
상처	けが	케가
화상	火傷(やけど)	야께도
상해보험	傷害保険(しょうがいほけん)	쇼-가이호껭
생명보험	生命保険(せいめいほけん)	세-메-호껭
화재보험	火災保健(かさいほけん)	카사이호껭

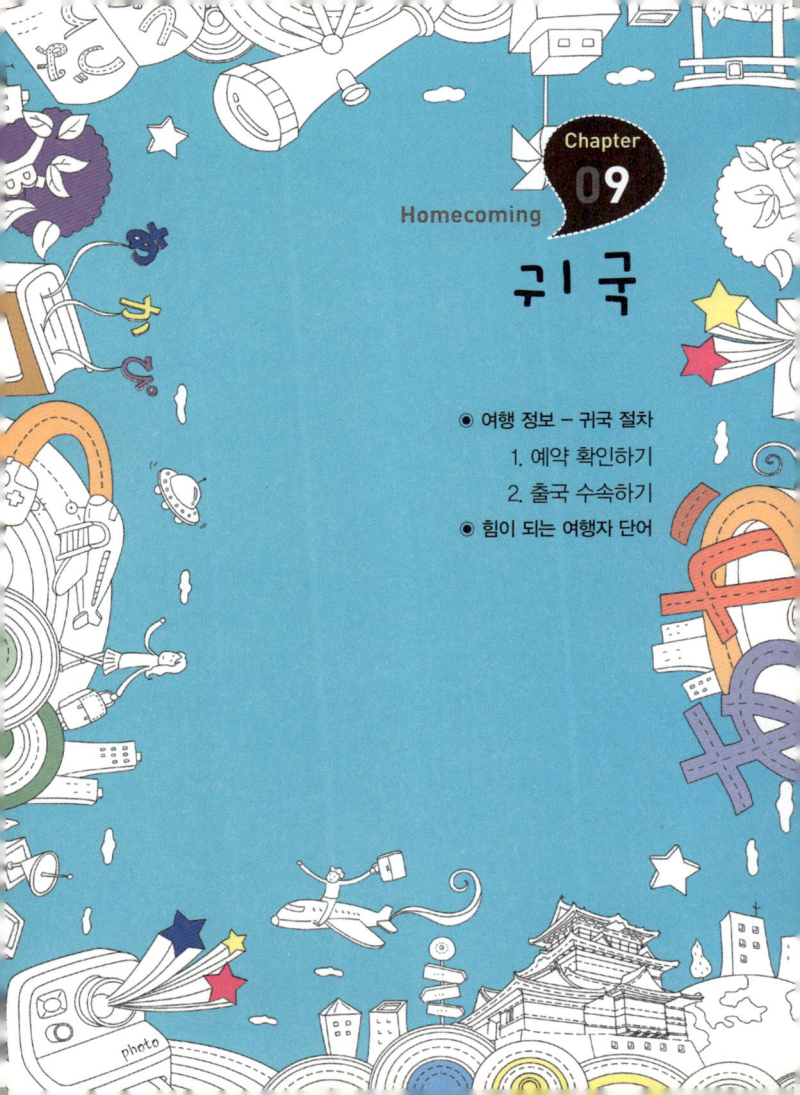

 ## 귀국 절차

귀국 준비를 할 때 제일 먼저 해야 할 일은 항공편 예약을 확인하는 것입니다. 최소한 비행기 출발 72시간 전에 반드시 예약을 재확인해야 하며, 그렇지 않을 경우 예약이 취소될 수도 있습니다. 예약을 확인하는 방법은 항공사에 전화하여 이름과 편명, 도착지, 탑승일, 탑승 시간 등을 알려 주면 됩니다.

1_ 출국

공항에는 비행기 출발 2시간 전에 도착하는 것이 좋습니다. 공항에 들어가면 자신이 탑승할 항공사의 체크인 카운터로 가서 줄을 서고 자기 차례가 되면 비행기 표, 여권, 출입국신고서를 제시합니다. 그러면 카운터의 직원이 체크인하는 사람과 여권의 사진이 일치하는지 확인을 한 후 출입국신고서는 회수하고 여권에 출국 스탬프를 찍고 탑승권을 건네줍니다. 이 모든 것이 끝나면 탑승권에 적힌 게이트로 가서 기다렸다가 탑승 안내방송이 나오면 비행기에 탑승하면 됩니다.

2_ 기내에서

인천 공항에 도착하기 전에 승무원이 나누어 주는 여행자 휴대품신고서를 기내에서 미리 작성하면 입국 수속할 때 편리합니다. 여행자 휴대품신고서는 개인당 1장씩이나 가족일 경우에는 가족당 1장만 작성하면 되고 신고할 물품이 없더라도 반드시 작성해야 합니다.

3_ 검역

전염병이 있는 지역에서 입국하는 승객은 검역 질문서를 작성한 후 입국할 때 제출하여야 합니다. 그리고 여행 중에 설사, 복통, 구토, 발열 등과 같은 증세가 있었다면 입국시 검역관에게 신고하여야 하며, 귀가 후에도 그런 증세가 지속된다면 검역소나 보건소에 신고해야 합니다.

4_ 입국 심사

입국 심사대는 내국인과 외국인 심사대로 분리되어 있습니다. 내국인은 내국인 심사대에서, 외국인은 외국인 심사대에서 자신의 차례를 기다립니다. 자기 순서가 오면 내국인은 여권을, 외국인은 여권과 입국신고서를 제시합니다. 입국 심사대를 통과한 후에는 앞에 있는 전광판에서 수하물수취대 번호를 확인 후 1층으로 이동하면 됩니다.

5_ 수하물 찾기

입국 심사를 끝마쳤다면 수하물 안내전광판에서 확인한 수하물 수취대에서 자기의 짐을 찾아 세관 검사장으로 이동합니다. 만약 기다려도 자신의 짐이 나오지 않는다면 분실 수하물 카운터에 가서 분실 신고를 해야 합니다.

6_ 세관 심사

자기 짐을 찾은 후 세관 심사대로 가서 미리 기내에서 작성했던 여행자 휴대품신고서를 제출합니다. 직접 가지고 기내로 반입한 물품인 경우에는 X-ray 투시기를 통과해야 하며, 여행객은 문형 금속탐지기를 통해 신변 검색을 받아야 합니다.

7_ 귀가

위와 같은 절차가 모두 끝났다면 환영홀에서 밖으로 나와 출발할 때 공항에 왔던 방법으로 귀가하면 모든 여행 일정이 끝나게 됩니다.

01 예약 확인하기

❶ 인천행 비행기를 예약하고 싶습니다.

インチョン行きの 飛行機を 予約したいんですが。

인촌유끼노 히꼬-끼오 요야꾸시따인데스가

❷ 편명과 출발시간을 가르쳐 주시겠습니까?

便名と 出発時間を 教えて もらえますか。

빔메-또 슙빠쯔지깡오 오시에떼 모라에마스까

❸ 예약 확인을 부탁합니다.

予約の 確認を お願いします。

요야꾸노 카꾸닝오 오네가이시마스

❹ 제가 분명히 예약했습니다. 지금 당장 알아봐 주세요.

私が 確かに 予約しました。今すぐ 調べて ください。

와따시가 타시까니 요야꾸시마시따. 이마스구 시라베떼 쿠다사이

❺ 내일 오후편으로 변경하고 싶습니다만, 자리 있습니까?

明日 午後の 便に 変更したいですが、席は ありますか。

아시따 고고노 빈니 헹꼬-시따이데스가, 세끼와 아리마스까

Homecoming

❻ 예약을 취소하고 싶습니다.

予約を 取り消し(キャンセル)したいんですが。

요야꾸오 토리께시(캰세루)시따인데스가

❼ 자리가 없으면 해약 대기로 부탁드립니다.

席が ないなら キャンセル待ちで お願いします。

세끼가 나이나라 캰세루마찌데 오네가이시마스

귀국 예약

보통 왕복티켓으로 표를 구입하기 때문에 귀국할 경우에는 예약을 재확인하기만 하면 됩니다. 예약을 확인하는 방법은, 출발하기 72시간 전인 3일 전에 해당 항공회사로 전화를 걸어서 출국일과 이름을 말하고 예약 상황을 확인 받으면 됩니다. 만일 예약을 변경하거나 취소하고 싶은 경우에는 훨씬 더 일찍 연락하는 것이 좋으며, 예약을 변경할 경우에는 변경한 날짜에 좌석이 비어 있는지를 확인하여 이미 만석인 경우에는 해약 대기를 신청해 놓아야 합니다.

02 출국 수속하기

❶ 공항에는 몇 시간 전에 도착하는 것이 좋습니까?

空港には 何時間 前に 到着する のが いいですか。

쿠-꼬-니와 난지깡 마에니 토-쨔꾸스루 노가 이-데스까

❷ 탑승 수속은 어디에서 합니까?

搭乗手続きは どこで しますか。

토-죠-테쯔즈끼와 도꼬데 시마스까

❸ 일본항공 카운터는 어디에 있습니까?

日本航空の カウンターは どこに ありますか。

니홍꼬-꾸-노 카운따-와 도꼬니 아리마스까

❹ 맡길 짐은 없습니다.

預ける 荷物は ありません。

아즈께루 니모쯔와 아리마셍

❺ 이 트렁크는 기내로 가지고 들어갈 겁니다.

この トランクは 機内に 持ち込みます。

코노 토랑꾸와 키나이니 모찌꼬미마스

Homecoming

❻ 탑승 게이트(출발 로비)는 어느 쪽에 있습니까?

搭乗ゲート(出発ロビー)は どちらに ありますか。

토-쬬-게-또(슙빠쯔로비-)와 도찌라니 아리마스까

❼ 탑승은 언제부터 시작됩니까?

搭乗は いつから 始まりますか。

토-쬬-와 이쯔까라 하지마리마스까

출국 수속

공항에는 적어도 출발 2시간 전에 미리 도착하여 출국 수속을 하는 것이 좋습니다. 또한, 짐이 많은 경우에는 초과 요금을 내야 하므로 기내로 들고 갈 수 있는 짐을 따로 꾸리는 것도 요령입니다. 그리고, 출국 수속을 하러 들어가는 입구에서는 2,000엔의 공항 이용세를 내야 합니다. 입구에 설치된 매표기에서 구입한 표를 여권과 함께 제시해야 수속을 밟을 수 있습니다. 이 표는 반드시 엔화로만 살 수 있으므로, 공항 이용세를 구입한 후에 원화로 환전하는 것이 좋습니다.

● ● words
● 힘이 되는 여행자 단어

1 예약 확인하기

확인	確認(かくにん)	카꾸닝
재확인	再確認(さいかくにん)	사이까꾸닝
편명	便名(びんめい)	빔메-
변경	変更(へんこう)	헹꼬-
취소	取消(とりけし)	토리께시
해약 대기	キャンセル待(ま)ち	캰세루마찌

2 출국 수속하기

탑승권	搭乗券(とうじょうけん)	토-죠-껭
공항 이용세	空港利用税(くうこうりようぜい)	쿠-꼬-리요-제-
출국 수속	出国手続(しゅっこくてつづ)き	슉꼬꾸테쯔즈끼
탑승게이트	搭乗(とうじょう)ゲート	토-죠-게-또
출발로비	出発(しゅっぱつ)ロビー	슙빠쯔로비-

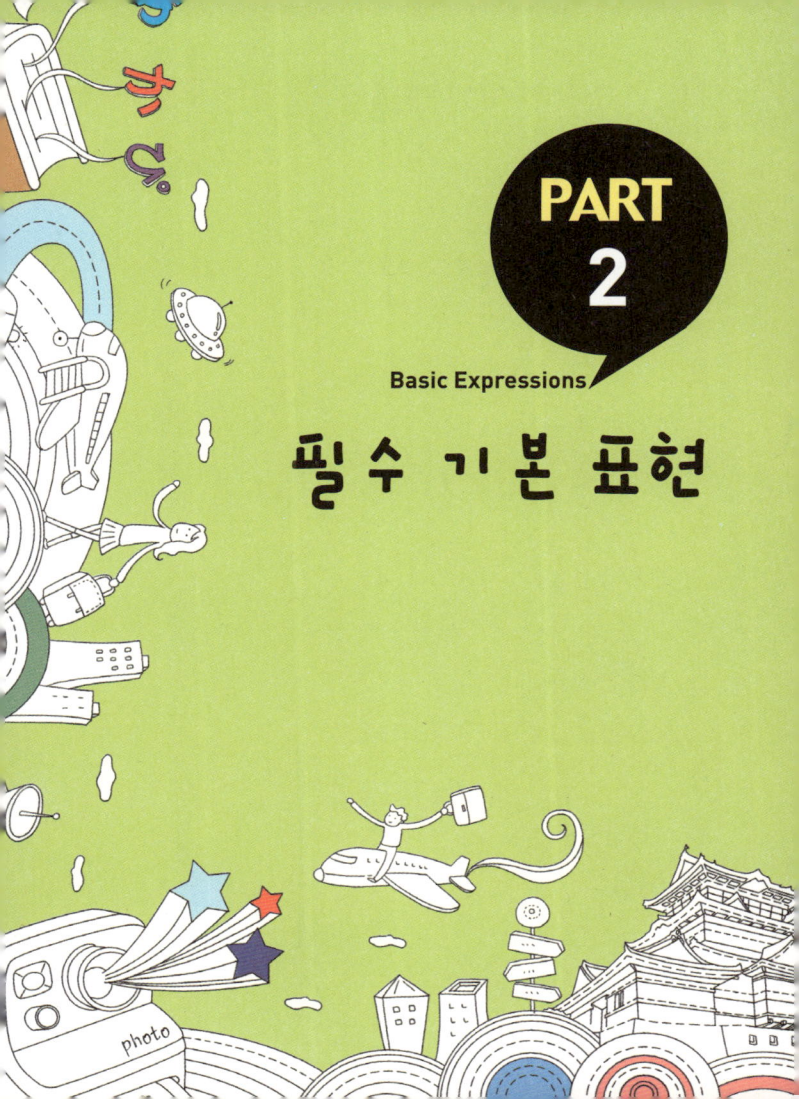

01 인사하기(1) 만남

❶ (아침) 안녕하세요.

おはようございます。
오하요-고자이마스

❷ (낮) 안녕하세요.

こんにちは。
콘니찌와

❸ (밤) 안녕하세요.

こんばんは。
콤방와

❹ 처음 뵙겠습니다.

はじめまして。
하지메마시떼

❺ 오래간만입니다.

お久しぶりです。
오히사시부리데스

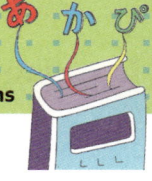

Basic Expressions

❻ 만나뵙게 되어 기쁩니다.

お会いできて 嬉しいです。

오아이데끼떼 우레시-데스

❼ 잘 지내십니까?

お元気ですか。

오겡끼데스까

こんにちは(콘니찌와)와 こんばんは(콤방와)의 は(와)

원래 は는 [ha](하)라고 읽지만, 이 인사말에서는 [wa](와)라고 읽어야 합니다. 틀리기 쉬우므로 잘 외워둡시다.

02 인사하기(2) 헤어짐

❶ 안녕히 가세요. / 잘 가세요.

さようなら。

사요-나라

❷ 내일 또 만나요.

また 明日(あした)。

마따 아시따

❸ 안녕히 주무세요.

お休(やす)みなさい。

오야스미나사이

❹ 또 만납시다.

また 会(あ)いましょう。

마따 아이마쇼-

❺ 안녕히 계십시오.

ご機嫌(きげん)よう。

고끼겡요-

Basic Expressions

❻ 먼저 실례하겠습니다.

お先に 失礼します。

오사끼니 시쯔레-시마스

❼ 그럼, 잘 지내세요.

それでは、お元気で。

소레데와, 오겡끼데

회화 Tip

さようなら(사요-나라)

일본어를 전혀 모르는 사람도 알고 있는 대표적인 헤어짐의 인사인 さようなら(사요-나라)는 완전한 이별이나 작별을 할 때 씁니다. 즉, 자주 만나는 사람에게는 쓰게 되면 앞으로 만나지 말자는 뉘앙스가 됩니다.

03 소개하기

❶ 처음 뵙겠습니다.

はじめまして。

하지메마시떼

❷ 제 이름은 김○○라고 합니다.

私の 名前は キムと 申します。

와따시노 나마에와 키무또 모-시마스

❸ 저는 한국에서 왔습니다.

私は 韓国から 来ました。

와따시와 캉꼬꾸까라 키마시따

❹ 아무쪼록 잘 부탁드립니다.

どうぞ よろしく お願いします。

도-조 요로시꾸 오네가이시마스

❺ 저야말로 잘 부탁드립니다.

こちらこそ よろしく。

코찌라꼬소 요로시꾸

Basic Expressions

❻ 이 사람은 친구인 박○○입니다.

こちらは 友達の パクです。

코찌라와 토모다찌노 파꾸데스

---

❼ 앞으로 잘 부탁드립니다.

これから よろしく お願い致します。

코레까라 요로시꾸 오네가이이따시마스

こちら(코찌라)

원래는 '이쪽'이라는 방향을 나타내는 말이지만, 제3자를 소개하는 장면에서 쓰면 '이 사람'이라는 사람을 가리키는 말이 됩니다. この ひと(코노 히또)란 표현은 거의 쓰지 않으므로 주의합시다.

04 식사하기

❶ 자, 드세요.

さあ、どうぞ。

사-, 도-조

❷ 천천히 드세요.

ごゆっくり 召し上がって ください。

고윳꾸리 메시아갓떼 쿠다사이

❸ 잘 먹겠습니다.

いただきます。

이따다끼마스

❹ 잘 먹었습니다.

ごちそうさまでした。

고찌소-사마데시따

❺ 변변치 못했습니다.

お粗末様でした。

오소마쯔사마데시따

Basic Expressions

❻ 정말 훌륭한 요리였습니다.

本当に 立派な お料理でした。

혼또-니 립빠나 오료-리데시따

❼ 입맛에 맞으셨습니까?

お口に 合いましたか。

오꾸찌니 아이마시따까

いただきます(이따다끼마스)

식사를 시작하기 전에 하는 인사말이지만, 꼭 식사 장면에서만 쓰이는 것이 아니라, 상대방으로부터 선물 등을 받게 되는 경우에도 많이 쓰입니다. 즉, '받다'라는 뜻으로 알고 있으면 됩니다.

05 감사하기

❶ 대단히 고맙습니다.

どうも ありがとうございます。

도-모 아리가또-고자이마스

❷ 여러 가지로 고마웠습니다.

色々と ありがとうございました。

이로이로또 아리가또-고자이마시따

❸ 일부러 와 주셔서 고마웠습니다.

わざわざ 来て くださって ありがとうございました。

와자와자 키떼 쿠다삿떼 아리가또-고자이마시따

❹ 도와 줘서 고마워.

手伝って くれて ありがとう。

테쯔닷떼 쿠레떼 아리가또-

❺ 진심으로 감사드립니다.

誠に 感謝して おります。

마꼬또니 칸샤시떼 오리마스

Basic Expressions

❻ 천만에요.

どういたしまして。

도-이따시마시떼

❼ 대단한 것 아닙니다.

たいした ことでは ありません。

타이시따 코또데와 아리마셍

サンキュー (상큐-)

영어의 thank you를 가타카나로 옮겨 적은 말입니다. 뜻은 '고맙다'이며 주로 젊은이들이 친구끼리 간편하게 쓰는 표현입니다. 일본 젊은이들도 대화 중에 영어를 사용하여 멋있고 똑똑해 보이고 싶은 경향이 강하기 때문에, 영어에서 온 외래어 표현이 날이 갈수록 증가하는 추세라고 합니다.

06 사과하기

❶ 너무 미안합니다.

どうも すみません。

도-모 스미마셍

❷ 정말 죄송합니다.

本当(ほんとう)に ごめんなさい。

혼또-니 고멘나사이

❸ 진심으로 송구스럽습니다.

誠(まこと)に 申(もう)し訳(わけ)ございません。

마꼬또니 모-시와께고자이마셍

❹ 폐를 끼쳐서 죄송합니다.

ご迷惑(めいわく)を かけて 申(もう)し訳(わけ)ありません。

고메-와꾸오 카께떼 모-시와께아리마셍

❺ 방해해서 죄송합니다.

お邪魔(じゃま)して すみません。

오쟈마시떼 스미마셍

Basic Expressions

❻ 아니오, 천만에요.

いいえ、どういたしまして。

이-에, 도-이따시마시떼

❼ 저는 괜찮습니다.

私(わたし)は かまいません。

와따시와 카마이마셍

申(もう)し訳(わけ)ありません (모-시와께아리마셍)

사과하는 표현 중에서 가장 정중한 뉘앙스를 풍기는 표현입니다. 뜻은 '대단히 죄송합니다' 또는 '송구합니다'이며, 이 표현보다 더 정중하게 사과하려면 ありません(아리마셍) 대신에 ございません(고자이마셍)을 넣으면 되지만, 너무 딱딱하고 사무적인 느낌입니다.

07 대답하기

❶ 네, 그렇습니다.

はい、そうです。
하이, 소-데스

---

❷ 네, 물론입니다.

はい、もちろんです。
하이, 모찌론데스

---

❸ 네, 이 정도면 좋습니다.

はい、これで いいです。
하이, 코레데 이-데스

---

❹ 네, 그것으로 하겠습니다.

はい、それに します。
하이, 소레니 시마스

---

❺ 아니오, 그렇지 않습니다.

いいえ、そうでは ありません。
이-에, 소-데와 아리마셍

Basic Expressions

❻ 아니오, 전혀 다릅니다.

　いいえ、全然 違います。

　이-에, 젠젱 치가이마스

❼ 아니오, 괜찮습니다.

　いいえ、大丈夫です。

　이-에, 다이죠-부데스

회화Tip

結構です (켁꼬-데스)

원래 뜻은 '충분합니다' 또는 '좋습니다'이지만, 누군가로부터 권유를 받은 경우에 상대방의 기분을 상하게 하지 않는 범위 내에서 아주 완곡하고 부드럽게 거절하고자 할 때 쓰는 표현입니다. 이 경우의 뜻은 '괜찮습니다', '이제 됐습니다'라고 합니다.

08 희망하기

① 한 번 더 스모를 보고 싶습니다.

もう 一回 相撲が 見たいです。

모- 익까이 스모-가 미따이데스

② 히라주쿠에 가 보고 싶습니다.

原宿に 行って みたいです。

하라쥬꾸니 잇떼 미따이데스

③ 함께 사진을 찍고 싶습니다.

一緒に 写真を 撮りたいです。

잇쇼니 샤싱오 토리따이데스

④ 네, 저도 하고 싶습니다.

はい、私も したいです。

하이, 와따시모 시따이데스

⑤ 아니오, 지금은 돌아가고 싶지 않습니다.

いいえ、今は 帰りたく ありません。

이-에, 이마와 카에리따꾸 아리마셍

Basic Expressions

❻ 당신도 맥주를 마시고 싶습니까?

あなたも ビールが 飲みたいですか。

아나따모 비-루가 노미따이데스까

❼ 모두 샤부샤부를 먹고 싶습니까?

みんな しゃぶしゃぶが 食べたいですか。

민나 샤부샤부가 타베따이데스까

ビール(비-루)와 ビル(비루)

장음이 있는 ビール는 영어의 beer에서 온 말로 '맥주'라는 뜻이지만, 장음이 없는 ビル는 영어의 building의 줄임말로 '빌딩'이란 뜻입니다. 두 단어가 비슷하여 틀리기 쉬우므로 정확한 표기와 발음을 잘 외워둡시다.

09 권유하기

❶ 점심은 뭘로 할까요?

お昼は 何に しましょうか。

오히루와 나니니 시마쇼-까

---

❷ 둘이서 영화라도 볼까요?

二人で 映画でも 見ましょうか。

후따리데 에-가데모 미마쇼-까

---

❸ 함께 쇼핑하러 안 갈래요?

一緒に 買い物に 行きませんか。

잇쑈니 카이모노니 이끼마셍까

---

❹ 언젠가 한잔 합시다.

いつか 一杯 飲みましょう。

이쯔까 입빠이 노미마쇼-

---

❺ 내일 가는 것은 어떻습니까?

あした 行く のは どうですか。

아시따 이꾸 노와 도-데스까

Basic Expressions

❻ 저 빨간 코트는 어떻습니까?

あの 赤(あか)い コートは いかがですか。

아노 아까이 코-또와 이까가데스까

❼ 빨리 결정하는 것이 좋습니다.

速(はや)く 決(き)めた 方(ほう)が いいです。

하야꾸 키메따 호-가 이-데스

いっしょに ～ましょうか (잇쇼니 ~마쇼-까)

가장 대표적인 권유 표현인 ～ましょうか(마쇼-까)는 습관처럼 いっしょに(잇쇼니)란 표현을 함께 씁니다. 다른 권유 표현인 ～ましょう(마쇼-)와 ～ませんか(마셍까)도 쓰이는 경우가 많으므로 하나의 숙어처럼 함께 알아 둡시다.

10 허락하기

❶ 여기서 먹어도 됩니까?

ここで 食べても いいですか。

코꼬데 타베떼모 이-데스까

---

❷ 잠깐 화장실에 가도 될까요?

ちょっと トイレに 行っても いいでしょうか。

쵸또 토이레니 잇떼모 이-데쇼-까

---

❸ 이 우산을 써도 괜찮습니까?

この 傘を 使っても よろしいですか。

코노 카사오 츠깟떼모 요로시-데스까

---

❹ 네, 물론입니다. 그러세요.

はい、もちろんです。どうぞ。

하이, 모찌론데스. 도-조

---

❺ 네, 마음껏 써도 됩니다.

はい、ご自由に 使っても いいです。

하이, 고지유-니 츠깟떼모 이-데스

Basic Expressions

❻ 죄송합니다만, 지금은 곤란합니다.

すみませんが、今は 困ります。

스미마셍가, 이마와 코마리마스

❼ 죄송합니다만, 거절하겠습니다.

すみませんが、お断りします。

스미마셍가, 오꼬또와리시마스

思い切り (오모이끼리)

'마음껏', '실컷', '힘껏'이란 여러 가지 뜻을 가진 단어로 자기 마음이 원하고 바라는 만큼 충분히 뭔가를 실천하는 경우에 씁니다. 단단히 각오하고 큰 일을 결정하거나 100%의 희망과 꿈을 싣고 행동한다는 뜻으로 많이 씁니다.

11 부탁하기

❶ 이것까지 부탁드려도 될까요?

これまで お願いしても いいでしょうか。

코레마데 오네가이시떼모 이-데쇼-까

❷ 절대로 이야기하지 마세요.

絶対 話さないで ください。

젯따이 하나사나이데 쿠다사이

❸ 지금 여쭤봐도 상관없습니까?

今 お尋ねしても かまいませんか。

이마 오따즈네시떼모 카마이마셍까

❹ 한자를 가르쳐 주시겠습니까?

漢字を 教えて くださいますか。

칸지오 오시에떼 쿠다사이마스까

❺ 잠깐 도와 주실 수 있습니까?

ちょっと 手伝って もらえますか。

쵸또 테쯔닷떼 모라에마스까

Basic Expressions

❻ 무슨 용건입니까?

何の ご用件ですか。
_{なん}　_{ようけん}

난노 고요-껜데스까

❼ 지금은 바빠서 할 수 없습니다

今は 忙しくて できません。
_{いま}　_{いそが}

이마와 이소가시꾸떼 데끼마셍

> **회화 Tip**
>
> ### ～て いただけませんか (테 이따다께마셍까)
>
> 누군가에게 아주 최고로 정중하게 뭔가를 부탁하고자 하는 경우에 사용하는 가장 정중한 부탁의 표현입니다. 이 표현은 내가 상대방의 배려로 인하여 뭔가를 할 수 있게 된다는 뉘앙스를 가지고 있으므로, 상대방에게 고마워한다는 마음도 함께 전하는 표현입니다.

12 질문하기

① 왜 화가 나 있습니까?

なぜ 怒って いますか。

나제 오꼿떼 이마스까

② 당신의 펜은 어느 것입니까?

あなたの ぺんは どれですか。

아나따노 펭와 도레데스까

③ 백화점은 어디입니까?

デパートは どこですか。

데빠-또와 도꼬데스까

④ 저 사람은 누구입니까?

あの 人は 誰ですか。

아노 히또와 다레데스까

⑤ 언제 호텔로 돌아갑니까?

いつ ホテルに 戻りますか。

이쯔 호떼루니 모도리마스까

Basic Expressions

❻ 스즈키 씨는 몇 살이십니까?

鈴木さんは おいくつですか。

스즈끼상와 오이꾸쯔데스까

❼ 이 구두는 얼마입니까?

この くつは いくらですか。

코노 쿠쯔와 이꾸라데스까

회화 Tip

いくつですか(이꾸쯔데스까)

이 표현은 2가지 뜻을 가지고 있습니다. 하나는, 사물의 수량을 셀 경우에 '몇 개입니까?'의 뜻으로 쓰이며, 다른 하나는, 나이를 묻는 경우에 '몇 살입니까?'의 뜻으로도 쓰입니다. 후자의 뜻은 주로 동년배나 손아랫사람에게만 쓰는데, 손윗사람에게 사용할 경우는 앞에 お(오)를 붙여서 쓰면 됩니다.

13 다시 묻기

❶ 네? 그것이 정말입니까?

えっ? それが 本当ですか。

엣? 소레가 혼또-데스까

---

❷ 어떤 의미입니까?

どう いう 意味ですか。

도-이우 이미데스까

---

❸ 지금, 뭐라고 말씀하셨습니까?

今、何と おっしゃいましたか。

이마, 난또 옷쌰이마시따까

---

❹ 무슨 말인지 잘 모르겠습니다.

言って いる 意味が よく 分かりません。

잇떼 이루 이미가 요꾸 와까리마셍

---

❺ 한 번 더 말해 주세요.

もう 一度 言って ください。

모- 이찌도 잇떼 쿠다사이

Basic Expressions

❻ 한 번 더 여쭤 봐도 됩니까?

もう 一度 うかがっても いいですか。

모- 이찌도 우까갓떼모 이-데스까

❼ 천천히 말해 주시겠습니까?

ゆっくり 話して いただけますか。

육꾸리 하나시떼 이따다께마스까

> **회화 Tip**
>
> **聞き取れませんでした (키끼또레마센데시따)**
>
> '잘 들을 수가 없었습니다.' 또는 '제대로 못 들었습니다.'란 뜻의 표현으로, 상대방의 말을 잘 못 알아들은 경우에 씁니다. 응용 표현으로는 読(よ)み取(と)れませんでした가 있는데 '잘 읽을 수가 없었습니다.'의 뜻입니다.

14 칭찬하기

❶ 노래를 잘하네요.
歌が 上手ですね。

우따가 죠-즈데스네

❷ 영어를 할 수 있어서 부럽습니다.
英語が できて うらやましいです。

에-고가 데끼떼 우라야마시-데스

❸ 무엇이든 잘 어울리네요.
何でも お似合いですね。

난데모 오니아이데스네

❹ 멋지네요.
素敵ですね。

스떼끼데스네

❺ 잘했어요.
よく できましたね。

요꾸 데끼마시따네

Basic Expressions

❻ 굉장하네요. / 대단하네요.

すごいですね。

스고이데스네

❼ 최고군요.

<ruby>最高<rt>さいこう</rt></ruby>ですね。

사이꼬-데스네

> **회화Tip**
>
> **一段と(이찌단또)**
> <ruby><rt>いちだん</rt></ruby>
> 이 표현은 주로 누군가의 모습이나 행동을 칭찬하고자 할 경우에 많이 씁니다. 뜻은 '한층 더, 훨씬 더'이며, 이전 상태보다 한 단계 더 업그레이드가 된 현재 상태를 나타냅니다. 보통 뒤에 '~하게 되다' 또는 '~해지다'란 뜻의 ~に なる(니 나루)가 함께 쓰입니다.

15 생각 말하기

❶ 아마 그럴 거에요.

たぶん そうでしょう。

타붕 소-데쇼-

---

❷ 그럴지도 모릅니다.

そうかもしれません。

소-까모시레마셍

---

❸ 그럴 거라고 생각하고 있습니다.

そうだと 思って います。

소-다또 오못떼 이마스

---

❹ 분명 그럴 것임에 틀림없습니다.

きっと そうに 違い ありません。

킷또 소-니 치가이 아리마셍

---

❺ 저도 그렇게 생각합니다.

私も そう 思います。

와따시모 소- 오모이마스

Basic Expressions

❻ 저도 동감입니다.

私も 同感です。

와따시모 도-깐데스

❼ 그 의견에 찬성합니다.

その 意見に 賛成します。

소노 이껜니 산세-시마스

회화 Tip

はい、喜んで。(하이, 요로꼰데)

'네, 기꺼이'란 뜻의 표현으로, 뒤에 '그렇게 하겠습니다.' 또는 '응하겠습니다.'란 뜻이 함축되어 있습니다. 상대방으로부터 부탁이나 의견을 듣고, 자신의 생각을 마음 속으로부터 기쁘게 생각하면서 흔쾌히 받아들이는 경우에 씁니다.

16 증상 말하기

❶ 어디가 불편합니까?

どこが 悪いですか。

도꼬가 와루이데스까

❷ 언제부터 아팠습니까?

いつから 痛いですか。

이쯔까라 이따이데스까

❸ 감기인 것 같습니다.

風邪の ようです。

카제노 요-데스

❹ 기침과 콧물이 납니다.

せきと 鼻水が 出ます。

세끼또 하나미즈가 데마스

❺ 머리와 배가 아픕니다.

頭と お腹が 痛いです。

아따마또 오나까가 이따이데스

Basic Expressions

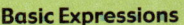

❻ 팔에 상처를 입었습니다.

腕(うで)に けがを しました。

우데니 케가오 시마시따

❼ 토할 것 같습니다.

吐気(はきけ)が します。

하끼께가 시마스

お大事(だいじ)に。(오다이지니)

일반적으로 병원으로 병문안을 가서 환자에게 해 주는 위로의 인사말로, '몸조리 잘 하세요.', '건강 조심하세요.'란 뜻으로 쓰입니다. 몸이 다친 경우나 아픈 경우에 습관처럼 하게 되는 아주 기본적인 인사말이므로 잘 알아둡시다.

17 감정 표현하기

❶ 정말 불쌍하네요.

本当に かわいそうですね。

혼또-니 카와이소-데스네

---

❷ 너무나도 가엾네요.

あまりにも 気の毒ですね。

아마리니모 키노도꾸데스네

---

❸ 괴로운 기억입니다.

つらい 思い出です。

츠라이 오모이데데스

---

❹ 더 이상 참을 수 없습니다.

もう 耐えられません。

모- 타에라레마셍

---

❺ 너무 창피합니다.

とても 恥ずかしいです。

토테모 하즈까시-데스

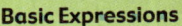

Basic Expressions

❻ 진심으로 유감입니다.

誠(まこと)に 残念(ざんねん)です。

마꼬또니 잔넨데스

❼ 너무 슬퍼서 눈물이 납니다.

悲(かな)しすぎて 涙(なみだ)が 出(で)ます。

카나시스기떼 나미다가 데마스

ひどい(히도이)

사람의 감정을 나타내는 표현 중에서 여러 가지 뜻을 내포하고 있는 표현입니다. 뜻은 '심하다'인데, 이 뜻 속에는 보고 느낀 점을 부정적으로 보고 있다는 뉘앙스를 가지고 있습니다. 즉, 자신에게 처해 있는 좋지 않은 상황을 한마디로 표현하고자 할 경우에 씁니다.

18 사물 가리키기

❶ 이것은 여권입니다.

これは パスポートです。

코레와 파스뽀-또데스

---

❷ 이것도 저것과 같은 가격입니까?

これも あれと 同じ 値段ですか。

코레모 아레또 오나지 네단데스까

---

❸ 그것이 일본 과자입니까?

それが 日本の お菓子ですか。

소레가 니혼노 오까시데스까

---

❹ 그것은 내 가방입니다.

それは 私の かばんです。

소레와 와따시노 카반데스

---

❺ 저것은 무엇입니까?

あれは 何ですか。

아레와 난데스까

Basic Expressions

❻ 어느 것이 디지털 카메라입니까?

どれが デジカメですか。

도레가 데지까메데스까

❼ 당신은 어느 것으로 할 생각입니까?

あなたは どれに する つもりですか。

아나따와 도레니 스루 츠모리데스까

デジカメ(데지까메)

'디지털 카메라'의 줄임말입니다. 원래는 デジタルカメラ(데지따루카메라)이지만, 보통 말하기 쉽게 짧게 줄여서 씁니다.

19 사람 가리키기

❶ 이 분이 선생님입니까?

この 人が 先生ですか。

코노 히또가 센세-데스까

❷ 그 사람도 한국인입니다.

その 人も 韓国人です。

소노 히또모 캉꼬꾸진데스

❸ 저 사람은 누구입니까?

あの 人は 誰ですか。

아노 히또와 다레데스까

❹ 그 분은 매우 성실합니다.

その 方は とても 真面目です。

소노 까따와 토떼모 마지메데스

❺ 저 분의 성함은 무엇입니까?

あの 方の お名前は 何ですか。

아노 까따노 오나마에와 난데스까

Basic Expressions

❻ 다나카 씨 아버님은 누구십니까?

田中さんの お父さんは どなたですか。

타나까산노 오또-상와 도나따데스까

❼ 가이드는 어느 분입니까?

ガイドさんは どの 方ですか。

가이도상와 도노 카따데스까

お父さん(오또-상)

남의 아버지를 가리키는 말이며, 자기 아버지는 ちち(치찌)라고 합니다.

20 존재 나타내기

❶ 텔레비전 위에 시계가 있습니다.

テレビの 上に 時計が あります。

테레비노 우에니 토께-가 아리마스

❷ 내 안경은 어디에 있습니까?

私の 眼鏡は どこに ありますか。

와따시노 메가네와 도꼬니 아리마스까

❸ 책상 밑에는 아무 것도 없습니다.

机の 下には 何も ありません。

츠꾸에노 시따니와 나니모 아리마셍

❹ 여동생은 지금 마당에 있습니다.

妹は 今 庭に います。

이모-또와 이마 니와니 이마스

❺ 할머니는 어디에 있습니까?

おばあさんは どこに いますか。

오바-상와 도꼬니 이마스까

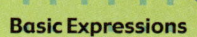

Basic Expressions

❻ 고양이는 방 안에 없습니다.

猫は 部屋の 中に いません。

네꼬와 헤야노 나까니 이마셍

❼ 오전 중에는 집에 아무도 없습니다.

午前中は うちに 誰も いません。

고젠쮸-와 우찌니 다레모 이마셍

上(우에) · 下(시따)

위치를 나타내는 표현으로, 존재를 나타내는 あ る(아루) · いる(이루)가 있는 문장에 함께 쓰이는 경우가 많습니다.

21 장소 묻기

① 이 곳은 무척 조용하네요.

ここは とても 静かですね。

코꼬와 토떼모 시즈까데스네

---

② 여기 우동도 맛있습니까?

ここの うどんも おいしいですか。

코꼬노 우동모 오이시-데스까

---

③ 매일 그 곳까지 걸어서 갑니다.

毎日 そこまで 歩いて 行きます。

마이니찌 소꼬마데 아루이떼 이끼마스

---

④ 저기 보이는 건물은 무엇입니까?

あそこに 見える 建物は 何ですか。

아소꼬니 미에루 타떼모노와 난데스까

---

⑤ 가장 가까운 편의점은 어디입니까?

一番 近い コンビニは どこですか。

이찌방 치까이 콤비니와 도꼬데스까

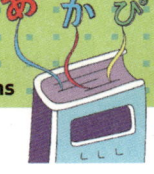

Basic Expressions

❻ 은행은 여기에서 멉니까?

銀(ぎんこう)行は ここから 遠(とお)いですか。

깅꼬-와 코꼬까라 토-이데스까

❼ 일요일은 어디에 갑니까?

日(にちようび)曜日は どこか 行(い)きますか。

니찌요-비와 도꼬까 이끼마스까

> 회화 Tip
>
> 自転車(じてんしゃ)で
>
> で(데)는 여러 가지 뜻을 가지고 있는데, 보통 '~에서'라는 장소를 나타내는 경우가 가장 많습니다. 그러나, 여기에서는 '~으로'라는 수단과 방법의 의미로 쓰이고 있습니다.

22 방향 묻기

❶ 이쪽으로 오세요.

こちらへ どうぞ。

코찌라에 도-조

---

❷ 이쪽이 아니라 저쪽입니다.

こちらじゃ なくて あちらです。

코찌라쟈 나꾸떼 아찌라데스

---

❸ 그쪽에도 젓가락이 있습니까?

そっちにも 箸が ありますか。

솟찌니모 하시가 아리마스까

---

❹ 그쪽에 있는 접시를 주세요.

そちらに ある お皿を ください。

소찌라니 아루 오사라오 쿠다사이

---

❺ 저쪽까지 함께 가 주시지 않겠습니까?

あちらまで 一緒に 行って くださいませんか。

아찌라마데 잇쑈니 잇떼 쿠다사이마셍까

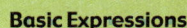

Basic Expressions

❻ 이 빌딩의 출구는 어느 쪽입니까?

この ビルの 出口は どちらですか。

코노 비루노 데구찌와 도찌라데스까

❼ 어느 쪽이든 괜찮으니까 빨리 결정해 주세요.

どっちでも いいから 速く 決めて ください。

돋찌데모 이-까라 하야꾸 키메떼 쿠다사이

どうぞ(도-조)

가장 일본어다운 표현으로, 이 단어 안에는 정말 많은 뜻이 담겨져 있습니다. 주로 상대방에게 뭔가를 권하는 경우에 쓰는데, 여기에서는 どうぞ(도-조) 안에 '(들어)오세요'란 뜻이 생략되어 있습니다.

일본의 TV

일본의 TV 채널은, 일본의 대표 방송국인 NHK로 알려진 국영방송 2개와 민영방송 5개를 합하여 모두 7개 채널입니다. 이렇게 채널 수가 많고 NHK를 제외한 민영방송 5곳 모두 24시간 내내 방송하기 때문에 프로그램 종류와 장르가 매우 다양합니다. 우리 나라 방송과 다른 일본 방송의 특징은 다음과 같습니다.

첫째, CF의 방송 횟수입니다. 일본에서는 CF를 CM(シーエム, 시-에무) 또는 Commercial(コマーシャル, 코마-샤루)라고 하는데, 우리 나라처럼 한 프로그램의 시작과 끝에 방송되는 것이 아니라, 프로그램 도중에 약15분에 한 번씩 총 3번 정도 방송됩니다.

둘째, 프로그램의 방송 시간대입니다. 우리 나라의 경우, 정규 뉴스는 밤 9시 정각에 시작하지만 일본은 저녁 6시 정각에 모든 방송국이 일제히 뉴스를 내보냅니다. 뉴스가 끝난 후 저녁 7시경부터는 버라이어티나 개그 프로그램이 방송되며, 드라마는 우리가 뉴스를 볼 시간대인 밤 9시 또는 밤 10시에 방송됩니다.

① 숫자 읽기

1 기본 숫자

1	いち	이찌
2	に	니
3	さん	상
4	し・よん	시・용
5	ご	고
6	ろく	로꾸
7	しち・なな	시찌・나나
8	はち	하찌
9	きゅう・く	큐ー・쿠
10	じゅう	쥬ー
11	じゅういち	쥬ー이찌
12	じゅうに	쥬ー니
13	じゅうさん	쥬ー상
14	じゅうよん	쥬ー용
15	じゅうご	쥬ー고

16	じゅうろく	쥬-로꾸
17	じゅうなな	쥬-나나
18	じゅうはち	쥬-하찌
19	じゅうきゅう	쥬-큐-
20	にじゅう	니쥬-

> **Tip** 숫자 0은 れい(레-) 또는 ゼロ(제로)라고 합니다.

2 10단위 숫자

10	じゅう	쥬-
20	にじゅう	니쥬-
30	さんじゅう	산쥬-
40	よんじゅう	욘쥬-
50	ごじゅう	고쥬-
60	ろくじゅう	로꾸쥬-
70	ななじゅう	나나쥬-
80	はちじゅう	하찌쥬-
90	きゅうじゅう	큐-쥬-

3 100단위 숫자

100	ひゃく	햐꾸
200	にひゃく	니햐꾸
300	さんびゃく	삼뱍꾸
400	よんひゃく	용햐꾸
500	ごひゃく	고햐꾸
600	ろっぴゃく	롭빠꾸
700	ななひゃく	나나햐꾸
800	はっぴゃく	합빠꾸
900	きゅうひゃく	큐―햐꾸

4 1,000단위 숫자

1,000	せん	셍
2,000	にせん	니셍
3,000	さんぜん	산젱
4,000	よんせん	욘셍
5,000	ごせん	고셍
6,000	ろくせん	록셍

7,000	ななせん	나나셍
8,000	はっせん	핫셍
9,000	きゅうせん	큐―셍

5 10,000단위 숫자

10,000	いちまん	이찌망
20,000	にまん	니망
30,000	さんまん	삼망
40,000	よんまん	욤망
50,000	ごまん	고망
60,000	ろくまん	로꾸망
70,000	ななまん	나나망
80,000	はちまん	하찌망
90,000	きゅうまん	큐―망

 숫자 10,000은 반드시 いちまん(이찌망)이라고 읽어야 합니다.

② 개수 읽기

한 개	1つ : ひとつ	히또쯔
두 개	2つ : ふたつ	후따쯔
세 개	3つ : みっつ	밋쯔
네 개	4つ : よっつ	욧쯔
다섯 개	5つ : いつつ	이쯔쯔
여섯 개	6つ : むっつ	뭇쯔
일곱 개	7つ : ななつ	나나쯔
여덟 개	8つ : やっつ	얏쯔
아홉 개	9つ : ここのつ	코꼬노쯔
열 개	10つ : とお	토-
몇 개	幾つ : いくつ	이꾸쯔

③ 사람 수 읽기

한 명	1人 : ひとり	히또리
두 명	2人 : ふたり	후따리
세 명	3人 : さんにん	산닝
네 명	4人 : よにん	요닝

다섯 명	5人 : ごにん	고닝
여섯 명	6人 : ろくにん	로꾸닝
일곱 명	7人 : しちにん	시찌닝
여덟 명	8人 : はちにん	하찌닝
아홉 명	9人 : きゅうにん	큐ー닝
열 명	10人 : じゅうにん	쥬ー닝
열한 명	11人 : じゅういちにん	쥬ー이찌닝
열두 명	12人 : じゅうににん	쥬ー니닝
열세 명	13人 : じゅうさんにん	쥬ー산닝
열네 명	14人 : じゅうよにん	쥬ー요닝
열다섯 명	15人 : じゅうごにん	쥬ー고닝
열여섯 명	16人 : じゅうろくにん	쥬ー로꾸닝
열일곱 명	17人 : じゅうしちにん	쥬ー시찌닝
열여덟 명	18人 : じゅうはちにん	쥬ー하찌닝
열아홉 명	19人 : じゅうきゅうに	쥬ー뀨ー닝
스무 명	20人 : にじゅうにん	니쥬ー닝
몇 명	何人 : なんにん	난닝

 '한 명'과 '두 명'만 읽는 법이 예외이므로 잘 외워둡시다.

4 시간 읽기

1 시(時)

1시	1時 : いちじ	이찌지
2시	2時 : にじ	니지
3시	3時 : さんじ	산지
4시	4時 : よじ	요지
5시	5時 : ごじ	고지
6시	6時 : ろくじ	로꾸지
7시	7時 : しちじ	시찌니
8시	8時 : はちじ	하찌지
9시	9時 : くじ	쿠지
10시	10時 : じゅうじ	쥬-지
11시	11時 : じゅういちじ	쥬-이찌지
12시	12時 : じゅうにじ	쥬-니지

> Tip 앞에 오는 숫자에 관계없이 항상 じ(지)라고 읽습니다.

2 분(分)

1분	1分 : いっぷん	입뿡
2분	2分 : にふん	니훙
3분	3分 : さんぷん	삼뿡
4분	4分 : よんぷん	욤뿡
5분	5分 : ごふん	고훙
6분	6分 : ろっぷん	롭뿡
7분	7分 : ななふん	나나훙
8분	8分 : はちふん	하찌훙
9분	9分 : きゅうふん	큐-훙
10분	10分 : じゅっぷん	줏뿡
15분	15分 : じゅうごふん	쥬-고훙
30분	30分 : さんじゅっぷん	산줏뿡
45분	45分 : よんじゅうごふん	욘쥬-고훙
60분	60分 : ろくじゅっぷん	로꾸줏뿡

> **Tip** 앞에 오는 숫자에 따라 ふん(훙) 또는 ぷん(뿡)
> 이라고 읽습니다.

5 날짜 읽기

1 월(月)

1월	1月 : いちがつ	이찌가쯔
2월	2月 : にがつ	니가쯔
3월	3月 : さんがつ	상가쯔
4월	4月 : しがつ	시가쯔
5월	5月 : ごがつ	고가쯔
6월	6月 : ろくがつ	로꾸가쯔
7월	7月 : しちがつ	시찌가쯔
8월	8月 : はちがつ	하찌가쯔
9월	9月 : くがつ	쿠가쯔
10월	10月 : じゅうがつ	쥬-가쯔
11월	11月 : じゅういちがつ	쥬-이찌가쯔
12월	12月 : じゅうにがつ	쥬-니가쯔

앞에 오는 숫자에 관계없이 항상 がつ(가쯔)라고 읽습니다. 또한, '4월'과 '9월'의 읽는 법을 잘 외워둡시다.

2 일(日)

1일	1日 : ついたち	츠이따찌
2일	2日 : ふつか	후쯔까
3일	3日 : みっか	믹까
4일	4日 : よっか	욕까
5일	5日 : いつか	이쯔까
6일	6日 : むいか	무이까
7일	7日 : なのか	나노까
8일	8日 : ようか	요-까
9일	9日 : ここのか	코꼬노까
10일	10日 : とおか	토-까
14일	14日 : じゅうよっか	쥬-욕까
24일	24日 : にじゅうよっか	니쥬-욕까

 1일부터 10일까지를 제외한 날짜 읽기는, 앞에 오는 숫자에 관계없이 항상 にち(니찌)라고 읽습니다. 단, 1일부터 10일, 14일, 24일은 읽는 법이 예외이므로 잘 외워둡시다.

6 요일 읽기

월요일	月曜日 : げつようび	게쯔요-비
화요일	火曜日 : かようび	카요-비
수요일	水曜日 : すいようび	스이요-비
목요일	木曜日 : もくようび	모꾸요-비
금요일	金曜日 : きんようび	킹요-비
토요일	土曜日 : どようび	도요-비
일요일	日曜日 : にちようび	니찌요-비

7 위치를 나타내는 말

위	上 : うえ	우에
아래	下 : した	시따
왼쪽	左 : ひだり	히다리
오른쪽	右 : みぎ	미기
앞	前 : まえ	마에
뒤	後ろ : うしろ	우시로

안, 속	中 : なか	나까
밖, 겉	外 : そと	소또
옆, 곁	そば : よこ	소바 / 요꼬
건너편	向こう側 : むこうがわ	무꼬–가와
반대편	反対側 : はんたいがわ	한따이가와

8 시간대를 나타내는 말

새벽	夜明け : よあけ	요아께
아침	朝 : あさ	아사
낮	昼 : ひる	히루
저녁	夕方 : ゆうがた	유–가따
밤	夜 : よる	요루
오전	午前 : ごぜん	고젱
오후	午後 : ごご	고고

9 때를 나타내는 말

1 일(日)

그저께	おととい	오또또이
어제	昨日 : きのう	키노-
오늘	今日 : きょう	쿄-
내일	明日 : あした	아시따
모레	あさって	아삳떼
글피	しあさって	시아삳떼

2 주(週)

지지난 주	先々週 : せんせんしゅう	센센슈-
지난 주	先週 : せんしゅう	센슈-
이번 주	今週 : こんしゅう	콘슈-
다음 주	来週 : らいしゅう	라이슈-
다다음 주	再来週 : さらいしゅう	사라이슈-

3 월(月)

지지난 달	先々月 : せんせんげつ	센셍게쯔
지난 달	先月 : せんげつ	셍게쯔
이번 달	今月 : こんげつ	콩게쯔
다음 달	来月 : らいげつ	라이게쯔
다다음 달	再来月 : さらいげつ	사라이게쯔

4 년(年)

재작년	おととし	오또또시
작년	去年 : きょねん	쿄넹
올해	今年 : ことし	코또시
내년	来年 : らいねん	라이넹
내후년	再来年 : さらいねん	사라이넹

여행자
메모

여행자 메모